Programmieren lernen in 15 Minuten am Tag für Dummies

Schummelseite

CSS

Cascading Style Sheets (CSS) werden verwendet, um das Aussehen von HTML-Elementen zu gestalten. Hier einige wichtige Eigenschaften:

- ✔ **color**: Textfarbe festlegen (`color: red;`)
- ✔ **background-color**: Hintergrundfarbe festlegen (`background-color: blue;`)
- ✔ **font-size**: Schriftgröße festlegen (`font-size: 16px;`)
- ✔ **margin**: Außenabstand festlegen (`margin: 10px;`)
- ✔ **padding**: Innenabstand festlegen (`padding: 5px;`)
- ✔ **border**: Rahmen festlegen (`border: 1px solid black;`)
- ✔ **display**: Anzeigeart festlegen (`display: block;`)
- ✔ **position**: Positionierung festlegen (`position: absolute;`)

EVENT-LISTENER

Mit Event-Listenern reagieren Sie auf Benutzeraktionen wie Klicks oder Tastendrücke. Hier einige gängige Events: *document.addEventListener('click', function() { ... });*

- ✔ **click**: Reagiert auf Mausklicks.
- ✔ **mouseover**: Reagiert, wenn die Maus über ein Element fährt.
- ✔ **mouseout**: Reagiert, wenn die Maus ein Element verlässt.
- ✔ **keydown**: Reagiert auf Tastendrücke.
- ✔ **keyup**: Reagiert, wenn eine Taste losgelassen wird.

KONTROLLSTRUKTUREN

Mit Kontrollstrukturen steuern Sie den Programmablauf. Die wichtigsten sind:

- ✔ **if-Anweisung**: Führt Code nur aus, wenn eine Bedingung wahr ist.
- ✔ **for-Schleife**: Wiederholt Code eine bestimmte Anzahl von Malen.
- ✔ **while-Schleife**: Wiederholt Code, solange eine Bedingung wahr ist.

Programmieren lernen in 15 Minuten am Tag für Dummies

Schummelseite

SELEKTOREN

Mit Selektoren wählen Sie HTML-Elemente aus, um sie mit CSS oder JavaScript zu bearbeiten:

CSS	HTML
#star	`id="star"`
.star	`class="star"`
button	`<button>`

DATENTYPEN

In JavaScript gibt es verschiedene Datentypen, unter anderem sind das:

- ✔ **Boolean** (Wahr/Falsch)
- ✔ **Number** (Zahlen)
- ✔ **String** (Text)
- ✔ **Array** (Liste von Werten)

TYPKONVERTIERUNGEN

CSS speichert Werte oft als Strings. Um mathematische Operationen durchzuführen, müssen Sie diese in Zahlen umwandeln:

```
let x = document.getElementById("ship").style.left
let x = Number(x)
x = x + 10
document.getElementById("ship").style.left = x + "px"
```

HÄUFIGE FEHLERQUELLEN

Funktioniert das Programm nicht so, wie es soll, lohnt sich ein Blick auf …

- ✔ Selektoren: Sind sie korrekt mit # (ID) oder . (Klasse) angegeben?
- ✔ Pfade zu Dateien: Stimmt insbesondere die Groß-/Kleinschreibung?
- ✔ Klammern: `()`, `{}` oder `[]`?
- ✔ Klammern: Sind alle passend geöffnet und geschlossen?
- ✔ Variablen: Alle richtig geschrieben (Groß-/Kleinschreibung)?
- ✔ Datentypen: Alle korrekt verwendet (etwa **Number** statt **String**)?

Programmieren lernen in 15 Minuten am Tag für Dummies

Thomas Rose

Programmieren lernen in 15 Minuten am Tag

für dummies®

Fachkorrektur von
Matthias Pfefferle

WILEY VCH

Bibliografische Information der Deutschen Nationalbibliothek

Die Deutsche Nationalbibliothek verzeichnet diese Publikation in der Deutschen Nationalbibliografie; detaillierte bibliografische Daten sind im Internet über http://dnb.d-nb.de abrufbar.

Print ISBN: 978-3-527-72358-4
ePub ISBN: 978-3-527-85336-6

Coverillustration: © insta_photos – stock.adobe.com

Lektorat: Andrea Baulig

Korrektur: Matthias Delbrück

Satz Lumina datamtics

Druck und Bindung: CPI Group (UK) Ltd, Croydon, CR0 4YY

C9783527723584_220426

Auf einen Blick

Inhaltsverzeichnis

Anhang B Die Lösungen zu den Übungen

Über den Autor

Thomas Rose hat sich das Programmieren in den 1980er Jahren selbst auf seinem Amiga 500 beigebracht. Als er 1997 sein Pädagogik-Studium in Regensburg begann, wohnte er auf dem Campus und hatte schon damals eine Breitbandleitung ins Internet. So konnte er nächtelang programmieren und sein eigentliches Studium vernachlässigen.

Thomas arbeitet heute als Senior Software Engineer bei einem großen europäischen Provider. Dort entwickelt er Plugins für WordPress und kümmert sich um die internen Abläufe, von der Code-Review bis zum Roll-out, also der Veröffentlichung des Codes.

Am Programmieren fasziniert ihn vor allem das Rätsellösen: Wie kann ich ein Problem möglichst elegant und effizient lösen? Diese Faszination hindert ihn noch heute daran, rechtzeitig schlafen zu gehen.

In seiner Freizeit geht er gerne Bergsteigen und hält eine kleine Herde Bretonischer Zwergschafe.

Thomas Rose wohnt mit seiner Frau und seinen zwei Kindern am Fuße der Schwäbischen Alb in Reutlingen.

Einleitung

Programmieren macht Spaß! Es ist eine kreative Tätigkeit, mit der Sie Ihre Ideen real werden lassen. Egal, ob Sie eine Webseite erstellen, eine mobile App entwickeln oder komplexe Algorithmen implementieren möchten – Programmieren bietet Ihnen die Werkzeuge, um Ihre Visionen selbst umzusetzen.

Unsere Welt ist geprägt von Technologie, und Programmieren ist eine Schlüsselkompetenz, die in vielen Bereichen gefragt ist. Von der Softwareentwicklung über die Datenanalyse bis hin zur Künstlichen Intelligenz – Programmierkenntnisse eröffnen Ihnen unzählige berufliche Möglichkeiten und Karrierechancen.

Darüber hinaus fördert das Programmieren logisches Denken, Problemlösefähigkeiten und Kreativität. Es ermöglicht Ihnen, komplexe Aufgaben zu analysieren und innovative Lösungen zu entwickeln. Das Erlernen von Programmiersprachen und -konzepten erweitert Ihren Horizont und stärkt Ihre Fähigkeit, in einer zunehmend digitalen Welt erfolgreich zu sein.

Über dieses Buch

Dieses Buch richtet sich an Anfängerinnen und Anfänger, die Programmieren von Grund auf lernen möchten. Es bietet eine umfassende Einführung in die Grundlagen des Programmierens und führt Sie Schritt für Schritt durch die wichtigsten Konzepte und Techniken. Mithilfe der einsteigerfreundlichen Programmiersprache *JavaScript* werden Sie die Grundlagen des Programmierens kennenlernen und praktische Erfahrungen sammeln. In den zwölf Wochen, die das Buch abdeckt, werden wir sogar ein richtiges Weltraumspiel programmieren, um an diesem praktischen Beispiel verschiedene Programmierkonzepte kennenlernen.

Dabei kommen wir meist von der Praxis zur Theorie. Das bedeutet, dass wir zunächst ein Programm schreiben und uns dann anschauen, wie es funktioniert und welche Konzepte dahinterstecken. So lernen Sie zwar die Theorie (das ist wichtig!), wissen aber immer auch gleich, wie Sie diese in der Praxis anwenden können.

Törichte Annahmen über die Leserinnen und Leser

Dieses Buch setzt keinerlei Vorkenntnisse im Programmieren voraus. Wir gehen davon aus, dass Sie noch nie zuvor programmiert haben und keinerlei Erfahrung mit Programmiersprachen besitzen. Alles, was Sie brauchen, ist ein Computer mit Internetzugang und die

Bereitschaft, Neues zu lernen. Ich gehe aber durchaus davon aus, dass Sie Spaß daran haben, Probleme zu lösen und kreativ zu sein. Sie wollen sich in die Welt des Programmierens einarbeiten und sind bereit, Zeit und Mühe zu investieren, um wichtige und interessante Konzepte zu verstehen und anzuwenden.

Was Sie nicht lesen müssen

Dieses Buch ist so strukturiert, dass Sie die Kapitel am besten in der vorgegebenen Reihenfolge durcharbeiten – 15 Minuten an jedem Tag, wie der Titel schon sagt. Je intensiver Sie an einem Tag mitarbeiten und selbst üben, desto schneller werden Sie Fortschritte machen. Aber natürlich können Sie auch einzelne Kapitel lediglich durchlesen oder schnell überfliegen, ohne nebenher selbst zu programmieren. Aber je mehr Sie selbst programmieren, desto besser werden Sie die Konzepte verstehen und anwenden können. Lernen ist Üben!

Wie dieses Buch aufgebaut ist

Teil I: Erster Monat

Im ersten Teil schreiben wir die ersten Programmierbefehle direkt im Browser. Außerdem richten wir eine Entwicklungsumgebung ein, mit der wir später arbeiten werden. In Woche drei und vier lernen wir HTML und CSS kennen. HTML ist die Grundlage jeder Webseite und mit CSS gestalten Sie deren Aussehen. Am Ende des ersten Monats haben wir eine einfache Webseite erstellt, die das Grundgerüst für unser Weltraumspiel bildet.

Teil II: Zweiter Monat

Im zweiten Teil lernen wir die Grundlagen von JavaScript kennen und beginnen mit der Programmierung unseres Weltraumspiels. Wir lernen Variablen, Datentypen, Funktionen und Kontrollstrukturen kennen. Am Ende des zweiten Monats haben wir ein einfaches Weltraumspiel erstellt, das grundlegende Spielmechaniken enthält: Unser Raumschiff bewegen, Sterne animieren und Punkte sammeln.

Teil III: Dritter Monat

Im dritten Teil erweitern wir unser Weltraumspiel um weitere Funktionen und verbessern die Spielmechanik. Wir beschäftigen uns mit Arrays und Ereignisbehandlung und messen die Spielzeit. Am Ende des dritten Monats haben wir ein fast schon »marktreifes« Weltraumspiel erstellt, inklusive Highscore und Laserkanone.

Teil IV: Top-Ten-Listen

In den Top-Ten-Listen am Ende des Buches finden Sie eine Zusammenfassung der wichtigsten Begriffe rund um die Programmierung, häufige Programmiersprachen und nützliche Werkzeuge für Programmiererinnen und Programmierer. Sie sollen Ihnen helfen, einen Überblick über die Welt des Programmierens zu bekommen und sich in ihr besser zurechtzufinden.

Symbole, die in diesem Buch verwendet werden

In diesem Buch werden verschiedene Symbole verwendet, um bestimmte Arten von Informationen hervorzuheben:

Dieses Symbol kennzeichnet Tipps, die Ihnen helfen, die Konzepte besser zu verstehen oder häufig auftretende Probleme zu lösen. Hier erfahren Sie zudem Hintergründe und weiterführende Informationen über das hinaus, was im Haupttext behandelt wird.

Die Lupe markiert Definitionen wichtiger Begriffe, die im Buch verwendet werden. Wenn Sie auf dieses Symbol stoßen, sollten Sie besonders aufmerksam sein – hier kommen grundlegende Informationen, die für das Verständnis unerlässlich sind.

Die Lampe weist auf nützliche Tipps und Tricks hin, die Ihnen das Programmieren erleichtern können. Mit diesen Hinweisen können Sie häufige Fehler vermeiden!

Die Sprechblase kennzeichnet Anekdoten und Geschichten aus der großen und manchmal etwas verschrobenen Welt des Programmierens. Diese Abschnitte bieten interessante Einblicke und unterhaltsame Beispiele, die das Lernen auflockern.

Umgang mit den Übungsdateien

Zu jedem Kapitel dieses Buches gibt es Übungsdateien, die Sie herunterladen und bearbeiten können. Diese Dateien enthalten den Code, den wir im Kapitel besprechen. Sie finden die Übungsdateien auf der Begleitseite zu diesem Buch unter `wiley-vch.de/ISBN9783527723584`. Die Übungsdateien sind nach Kapiteln geordnet, sodass Sie leicht die Dateien finden können, die Sie für das jeweilige Kapitel benötigen. Außerdem ist auch das fertige Spiel enthalten, damit Sie sehen können, wie das Endergebnis aussehen sollte … und sofort eine Runde spielen können.

Wie es weitergeht

Nachdem Sie dieses Buch durchgearbeitet haben, werden Sie die Grundlagen des Programmierens verstanden haben und in der Lage sein, einfache Programme zu schreiben. Von hier aus können Sie Ihre Kenntnisse weiter vertiefen und spezialisieren. Unzählige Ressourcen sind online frei zugänglich, wie Tutorials, Foren und Kurse – all dies hilft Ihnen, Ihre Fähigkeiten weiter auszubauen. Sie könnten sich auch mit fortgeschritteneren Themen wie Datenstrukturen, Algorithmen oder Frameworks beschäftigen. Wichtig ist, dass Sie dranbleiben und regelmäßig üben. Programmieren ist eine Fähigkeit, die mit der Zeit besser wird, je mehr Sie damit arbeiten. Viel Erfolg auf Ihrer Reise in die Welt des Programmierens!

Teil I

Erster Monat

IN DIESEM TEIL ...

Schon in den ersten Tagen programmieren Sie erste Befehle direkt im Browserfenster. Außerdem zeige ich Ihnen, wie Sie fremde Webseiten kurzzeitig verändern können. Anschließend lernen Sie die Werkzeuge kennen, die Sie zum Programmieren brauchen und wir beschäftigen uns mit dem Stoff, aus dem nahezu jede Webseite aufgebaut ist: HTML und CSS.

- ✔ Erste Schritte direkt im Browser
- ✔ Vorbereitungen für den Start ins Programmieren
- ✔ HTML-Grundlagen
- ✔ Einführung in CSS

IN DIESEM KAPITEL...

Erste JavaScript-Befehle im Browser ausprobieren

Fremde Webseiten (vorübergehend) verändern

Überblick über Programmiersprachen

Mehrzeilige Mini-Programme

Kapitel 1
Erste Woche: Erste Schritte

In dieser Woche führen Sie erste JavaScript-Befehle aus, verändern testweise Webseiten im Browser und bekommen ein Gefühl für grundlegende Konzepte wie Variablen, Ausgabe und einfache Operationen. Außerdem erhalten Sie einen Überblick über verbreitete Programmiersprachen und festigen das Gelernte mit einem kurzen Quiz.

Es sind keine Vorkenntnisse nötig. Grundlegende Computerbedienung und Neugier reichen aus.

Tag 1: Worauf Sie sich freuen können: Ihr eigenes Spiel programmieren

Wenn Sie das Buch durchgearbeitet haben, dann können Sie ein Spiel programmieren: ein richtiges klassisches Weltraumspiel. Mit Sternen, einem Raumschiff, das Sie steuern dürfen, und einem Punktestand mit Highscore und sogar einer Laserkanone. In Abbildung 1.1 sehen Sie, wie das Spiel am Ende aussehen wird. Es ist vielleicht nicht das schönste Spiel auf der Welt, aber es ist selbst gemacht. Und das ist doch schon mal was!

Programmieren macht mir großen Spaß. So sehr, dass ich es nicht nur beruflich mache, sondern auch in meiner Freizeit. Während der Corona-Pandemie habe ich zum Spaß einmal ein Online-Kartenspiel programmiert, das ich über das Internet mit meinen Freunden spielen konnte. Solche Browsergames gab es natürlich zuhauf im Internet, aber ich wollte es selbst machen – einfach nur, weil ich es kann. Und weil es Spaß macht.

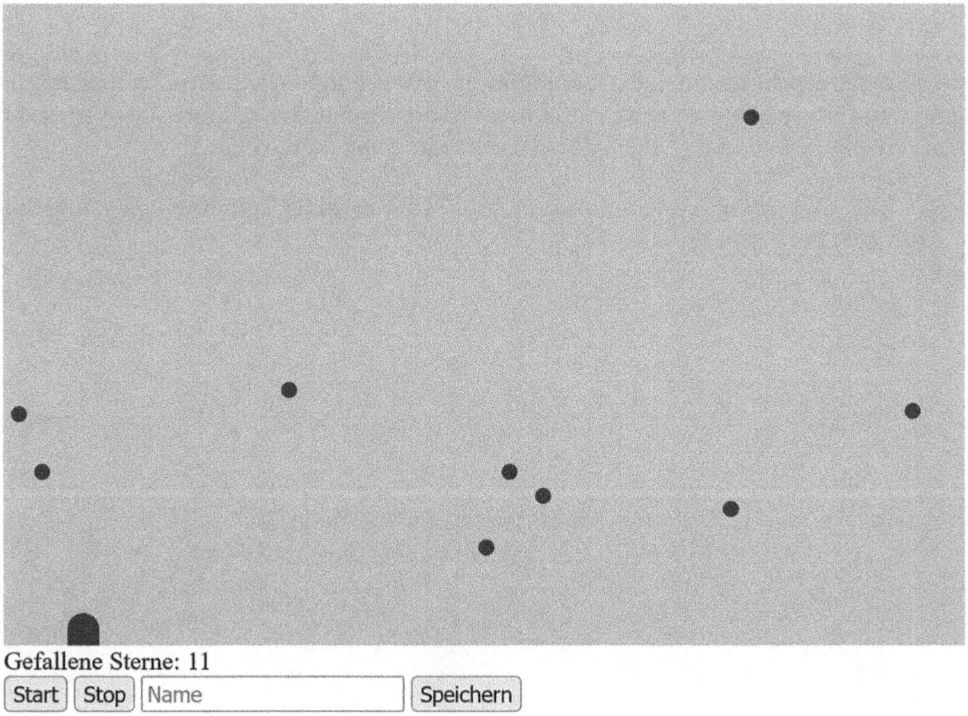

Abbildung 1.1: Wie Sie dieses Spiel selbst programmieren können, erfahren Sie in diesem Buch. Es ist vielleicht nicht das schönste Spiel auf der Welt, aber es ist selbst gemacht!

Was ist Programmieren?

Programmieren besteht im Wesentlichen daraus, Programmcode zu schreiben – und zwar in einer bestimmten Programmiersprache, so wie Sie es in Abbildung 1.2 sehen. Der Code selbst ist eine Folge von Anweisungen, die der Computer ausführen kann – wie ein Kochrezept, Schritt für Schritt. Der Code ist für Menschen lesbar; die Fachausdrücke (auch *Schlüsselwörter* genannt) sind allerdings in der Regel in englischer Sprache. Bevor der Code vom Computer ausgeführt wird, wird er in Maschinencode übersetzt. Dieser Prozess läuft meist im Hintergrund, als Programmiererin oder Programmierer hat man damit normalerweise wenig bis nichts zu tun.

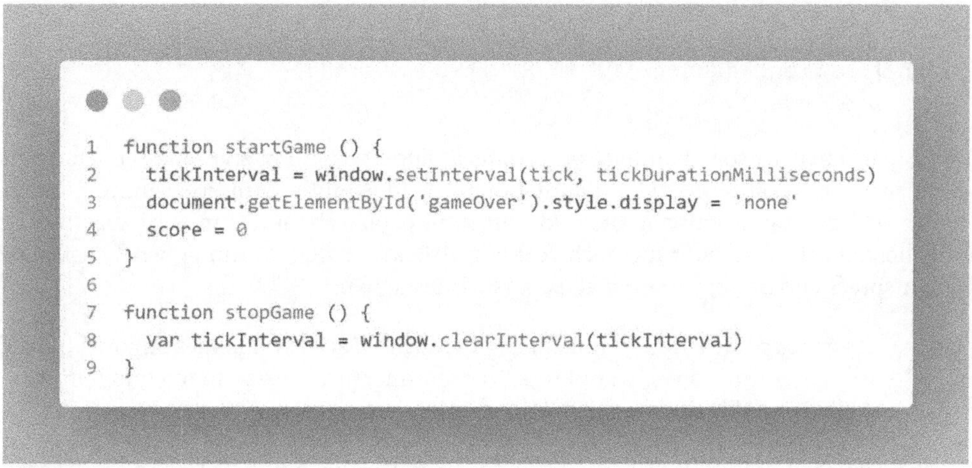

Abbildung 1.2: Beim Programmieren schreiben Sie Code in einer Programmiersprache, die aus einer Abfolge von Anweisungen besteht. Der Code wird dann automatisch in Maschinencode übersetzt, den der Computer versteht.

Pseudocode

Was braucht es, um ein einfaches Spiel zu programmieren? Nehmen wir an, Sie wollen ein Weltraumspiel programmieren. Ein Raumschiff soll sich mit den Pfeiltasten nach links und rechts bewegen. Sobald das Raumschiff von einem Stern getroffen wird, ist das Spiel vorbei.

Wir brauchen also einen Mechanismus, der die Tastatur abfragt, einen zweiten Mechanismus, der ein Raumschiff auf dem Bildschirm anzeigt, und eine Steuerung, die das Raumschiff bewegt, sobald eine Pfeiltaste gedrückt wird.

Der Ablauf lässt sich – stark vereinfacht – so beschreiben:

```
Zeichne das Bild Raumschiff.jpg in die Mitte des Bildschirms
Wenn die Taste Pfeil nach links gedrückt wird
   Bewege das Raumschiff nach links
Wenn die Taste Pfeil nach rechts gedrückt wird
   Bewege das Raumschiff nach rechts
```

```
Haben ein Stern und das Raumschiff die gleiche Position?
   Dann ist das Spiel vorbei
```

Aus diesem einfachen Ablauf lässt sich bereits ein formales Programm ableiten:

```
Zeichne(Raumschiff.jpg, Mitte_des_Bildschirms)

Wiederhole:
   Wenn TasteLinksGedrückt():
       Raumschiff.BewegeNachLinks()

   Wenn TasteRechtsGedrückt():
       Raumschiff.BewegeNachRechts()

   Wenn Position(Raumschiff) == Position(Stern):
       SpielEnde()
```

Was Sie hier sehen, ist sogenannter *Pseudocode*. Er ähnelt einer Programmiersprache, funktioniert aber nicht real, sondern verdeutlicht nur die Idee hinter dem Programm. Zunächst wird das Bild des Raumschiffs in die Bildschirmmitte gezeichnet. Dann wird abgefragt, ob die Pfeiltaste nach links oder die nach rechts gedrückt werden. Wenn ja, wird das Raumschiff entsprechend bewegt. Das ist alles, was wir brauchen.

Pseudocode ist eine vereinfachte, sprachliche Darstellung eines Algorithmus. Er ist nicht formal an eine konkrete Programmiersprache gebunden und hilft dabei, Abläufe zu skizzieren und zu kommunizieren.

Natürlich ist das nur ein sehr grober Überblick. In Wirklichkeit gibt es viele weitere Fragen zu beantworten:

- ✔ Wie zeigen wir das Raumschiff auf dem Bildschirm an?
- ✔ Wie bewegen wir das Raumschiff?
- ✔ Wie erkennen wir, dass eine Pfeiltaste gedrückt wird?
- ✔ Was passiert, wenn das Raumschiff am Rand des Bildschirms ist?
- ✔ Wie berechnen wir den Punktestand und zeigen ihn an?
- ✔ Wie speichern wir den Punktestand?
- ✔ und noch vieles mehr

Sie sehen: In der Programmierung gibt es viele Fragen zu beantworten – mit wachsendem Detailgrad. Die grundlegenden Fragen, die man sich bei der Lösung einer Programmieraufgabe stellt, unterscheiden sich zwischen den Programmiersprachen kaum. Auch eine moderne Kaffeemaschine muss feststellen: Soll ich brühen? Muss ich entkalkt werden ? Wie zeige ich das an? Und was mache ich, wenn keiner reagiert?

Programmieren ist dem Schreiben eines Kochrezepts ähnlich. Man benötigt eine unmissverständliche Anleitung, um ein bestimmtes Ergebnis zu erzielen.

Die Programmierung einer Kaffeemaschine hat tatsächlich mehr mit einem Weltraumspiel gemeinsam, als Sie vielleicht denken. Und das ist auch der Grund, warum ich Ihnen dieses Buch empfehle: Es ist nicht nur ein Buch über JavaScript, sondern auch eines über das Programmieren an sich.

Allen Programmiersprachen ist gemeinsam, dass ihre Programme aus einer Reihe von Anweisungen bestehen, die der Computer ausführen kann. Der Computer folgt den Anweisungen Schritt für Schritt, um das gewünschte Ergebnis zu erzielen. Und wenn das Ergebnis nicht das gewünschte ist, dann haben Sie vermutlich das Rezept falsch beschrieben oder irgendwo einen Denkfehler gemacht. Der Computer macht genau das, was man ihm sagt – auch wenn es falsch ist.

JavaScript

Um richtig programmieren zu können, brauchen wir eine Programmiersprache – Pseudocode allein reicht nicht. Es gibt unzählige Programmiersprachen, die jeweils einen bestimmten Zweck erfüllen: Vielleicht kennen Sie *Python*, das in der Datenanalyse verwendet wird, oder *Java* oder *C*. Letzteres verwendet vielleicht Ihre Kaffeemaschine, um zu erkennen, dass sie entkalkt werden muss.

In diesem Buch arbeiten wir mit JavaScript. Das ist eine der am häufigsten verwendeten Programmiersprachen im Internet. Sie wird genutzt, um Webseiten interaktiv zu machen und um Spiele zu programmieren. JavaScript ist vergleichsweise leicht zu lernen und bietet viele Funktionen, mit denen sich selbst komplexe Spiele erstellen lassen.

Das Vorgehen bei der Programmierung ist in jeder Programmiersprache ziemlich ähnlich. Zuerst versucht man, das Problem zu verstehen und zu beschreiben. Anschließend zerlegt man die Lösung in Teilschritte. Dabei kann Pseudocode sehr hilfreich sein. Erst wenn diese Teilschritte klar sind, wird der eigentliche Code geschrieben.

First solve the problem,
then write the code.

Die allerersten Schritte mit JavaScript sind ganz einfach – morgen schon fangen wir damit an.

Tag 2: Erste JavaScript-Befehle direkt im Browser

Heute fangen wir direkt mit dem Programmieren an. Sie erstellen in wenigen Minuten ein kleines Programm. Ziel ist es, auf dem Bildschirm ein kleines Fenster mit den Worten »Hallo Welt!« anzuzeigen.

Dafür brauchen wir einen Browser, zum Beispiel *Chrome, Firefox* oder *Safari.* Ich verwende *Firefox,* aber Sie können auch jeden anderen Browser benutzen. Im Browser rufe ich die Seite `https://www.wiley-vch.de/de/dummies` auf; Sie können aber auch jede andere Webseite nehmen.

Um programmieren zu können, müssen wir in den sogenannten *Entwicklermodus* wechseln. Das ist ein spezieller Modus, der es Ihnen ermöglicht, den Code einer Webseite zu inspizieren, zu bearbeiten und zu testen.

In Abbildung 1.3 sehen Sie die Ansicht für Firefox. Dort öffnen Sie die Entwicklertools, indem Sie die F12 drücken oder mit der rechten Maustaste auf eine beliebige Stelle der Seite klicken und UNTERSUCHEN wählen. In Chrome und Edge ist es ähnlich: Rechtsklick und UNTERSUCHEN. Alternativ können Sie in allen Browsern die Tastenkombination Strg ⇧ I verwenden bzw. ⌘ ⌥ I auf dem Mac.

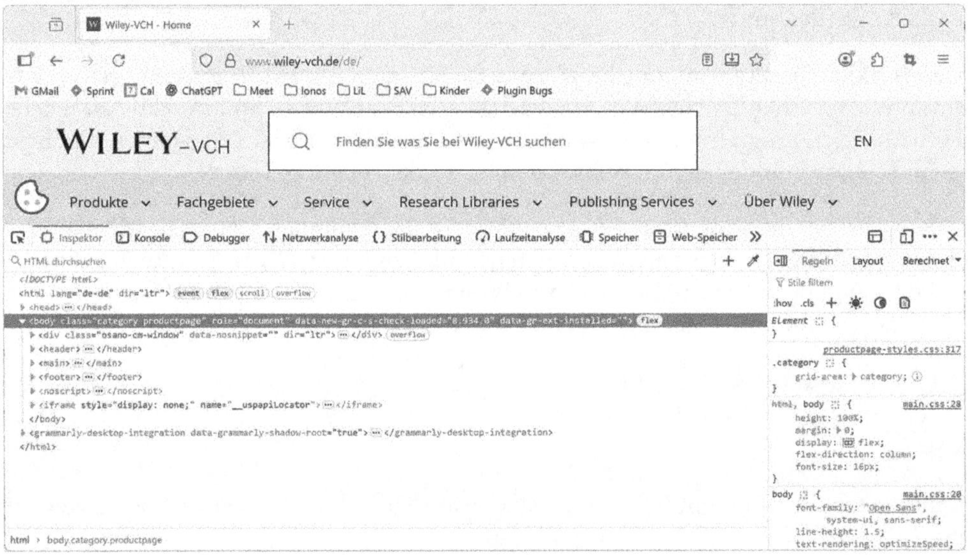

Abbildung 1.3: Der Entwicklermodus in Firefox. Unten sehen Sie die Konsole für JavaScript-Befehle. Sie öffnen sie mit F12 oder der Tastenkombination Strg ⇧ I.

In Safari müssen Sie die Entwicklertools zuerst aktivieren: In den Einstellungen wechseln Sie in den Reiter ERWEITERT und aktivieren die Option MENÜ 'ENTWICKLER' IN DER MENÜLEISTE ANZEIGEN. Danach können Sie den Entwicklermodus über F12 oder ELEMENT UNTERSUCHEN öffnen.

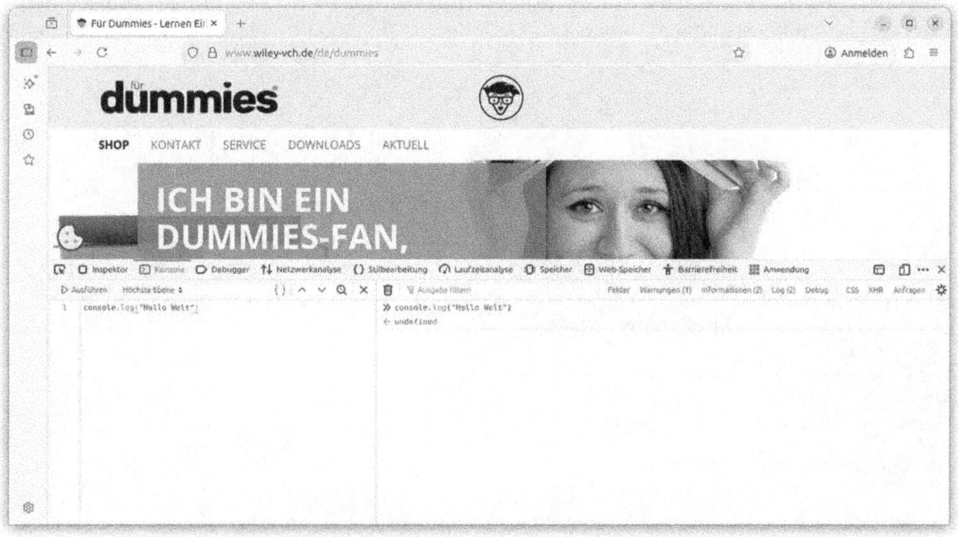

Abbildung 1.4: Entwicklermodus mit geöffneter Konsole.

Wenn Ihr Fenster anders als in Abbildung 1.4 aussieht, ist das in Ordnung. Wichtig ist nur, dass Sie die Konsole sehen. Falls nicht, klicken Sie auf den Tab Konsole bzw. Console.

Hallo Welt!

An dieser Konsole können Sie nun JavaScript-Befehle eingeben und sie ausführen lassen – das ist fast schon programmieren! Geben Sie den folgenden Befehl ein und drücken Sie in Chrome `Return` oder in Firefox `Strg` `Return`, um ihn auszuführen:

```
alert('Hallo Welt!')
```

Sie sollten jetzt ein kleines Fenster wie in Abbildung 1.5 sehen, das »Hallo Welt!« anzeigt. Das ist Ihr erster erfolgreich ausgeführter JavaScript-Befehl. Glückwunsch – Ihr erstes Programm läuft.

Im Entwicklermodus sehen Sie auch den HTML-Code der Seite: In Chrome heißt der Reiter Elements, in Firefox Inspektor. Ein weiterer Reiter heißt Konsole. Dort führen Sie JavaScript aus. Mit dem Befehl »`alert('Hallo Welt!');`« erscheint unser Begrüßungsfenster.

Wir können im Entwicklermodus noch viel mehr anstellen – zum Beispiel die komplette Seite verschwinden lassen. Tippen Sie:

```
document.body.innerHTML = "Hallo Welt!";
```

Die Webseite im Hintergrund ist weg und nur »Hallo Welt!« bleibt. Laden Sie die Seite mit `F5` oder Neu laden neu – alles ist wieder da.

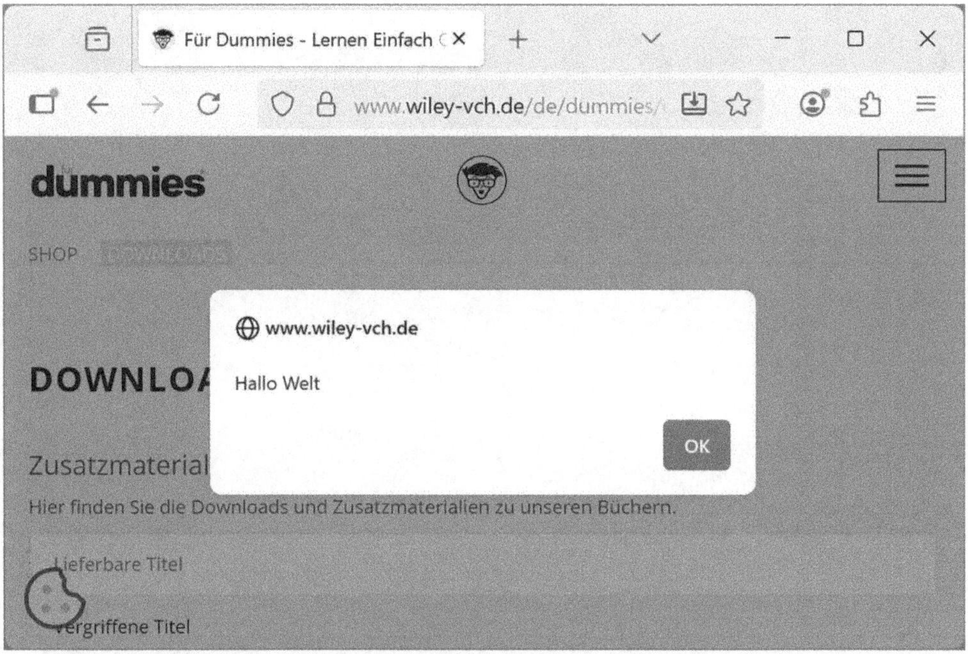

Abbildung 1.5: Das Ergebnis des Befehls `alert('Hallo Welt!')`.

So ist ein Befehl aufgebaut

Der erste Befehl, den wir kennengelernt haben, war `alert('Hallo Welt!');`. Er öffnet ein kleines Dialogfenster mit Text.

So ist er aufgebaut: Erst der Funktionsname `alert`, dann runde Klammern mit dem Text in Anführungszeichen. Der Befehl endet mit einem Semikolon (Strichpunkt), das ist aber nicht immer zwingend notwendig. In JavaScript ist das Semikolon häufig optional, aber konsequente Nutzung macht Ihren Code klarer, was gerade am Anfang sehr ratsam ist.

Wichtig sind:

- ✔ exakte Schreibweise von `alert`
- ✔ runde Klammern
- ✔ passende Anführungszeichen (einfach oder doppelt, aber als Paar)

Probieren Sie Varianten:

- ✔ Ersetzen Sie einfache durch doppelte Anführungszeichen.
- ✔ Lassen Sie die Klammern weg.
- ✔ Entfernen Sie das Semikolon.

Sollten hier Fehler passieren, sind sie harmlos; mit F5 setzen Sie alles zurück.

Der zweite Befehl `document.body.innerHTML = "Hallo Welt!";` weist einer Eigenschaft einen neuen Wert zu. Links steht, was geändert wird, und zwar innerhalb des DOCUMENT den eigentlichen Inhalt BODY und darin INNERHTML; rechts nach dem Gleichheitszeichen folgt der neue Inhalt.

Tippen Sie zum Beispiel:

```
document.body.style.background = "red";
```

Scrollen Sie nach unten: Die Hintergrundfarbe ist jetzt rot. Probieren Sie `blue`, `green`, `yellow` aus.

Die Funktionalität Autovervollständigen hilft hier: Tippen Sie

```
document.body.style.c
```

und wählen Sie einen Vorschlag, um zum Beispiel die Textfarbe (`color`) zu ändern.

Tag 3: Mehr JavaScript-Befehle im Browser

Gestern haben Sie die ersten Befehle in JavaScript ausprobiert – das waren kleine, einzeilige Programme. Heute schreiben wir etwas komplexere Programme mit mehreren Zeilen.

Wir verwenden dazu wieder den Entwicklermodus im Browser. Öffnen Sie Ihren Browser und drücken Sie die Taste F12 oder die Tasten Strg ⇧ I, um die Entwicklertools zu öffnen. Dort klicken Sie auf den Tab KONSOLE.

Schauen Sie sich das folgende kleine Programm an und überlegen Sie, was es macht:

```
name = prompt("Wie heißen Sie?")
document.body.innerHTML = "Hallo " + name
```

Haben Sie es erraten, wofür der Programmcode steht und was er tut? Geben Sie den Code in die Konsole ein und führen Sie ihn mit der Eingabetaste aus. Das Programm fragt Sie erst nach Ihrem Namen und gibt Ihnen dann eine persönliche Begrüßung zurück.

Das Programm besteht ganz offensichtlich aus zwei Zeilen: In der ersten nutzen wir eine sogenannte Variable namens `name`. Darin speichern wir den Namen des Nutzers oder der Nutzerin.

Wie kommen wir an den Namen? Wir fragen einfach danach. Mit dem Schlüsselwort `prompt` erzeugen wir eine Eingabebox. Ein kleines Fenster öffnet sich, in dem man den Namen eingeben kann. Das Ergebnis wird in der Variablen `name` gespeichert.

Eine Variable ist ein Platzhalter für einen Wert. In diesem Fall speichern wir den abgefragten Namen in `name`. Sie können den Inhalt einer Variablen später abrufen oder auch ändern – wie bei einer Schublade.

In der zweiten Zeile geben wir Text aus, nämlich erst »Hallo« und dann den Inhalt der Variablen `name`. Achten Sie auf die Anführungszeichen und das Pluszeichen! Alles in Anführungszeichen wird genauso ausgegeben, wie es geschrieben wurde.

Beim Namen wollen wir jedoch natürlich den eingegebenen Namen und nicht das Wort »Name« ausgeben. Deshalb steht die Variable nicht in Anführungszeichen. Das Pluszeichen verbindet beide Textteile.

Hier könnten Ihnen jetzt vielleicht ein paar Bedenken kommen:

- ✔ Was passiert, wenn Sie das Pluszeichen weglassen?
- ✔ Was passiert, wenn Sie den Strichpunkt (falls vorhanden) weglassen?
- ✔ Können Sie die Anführungszeichen weglassen?
- ✔ Wo sind zusätzliche Leerzeichen egal, wo nicht?

Auch hier gilt: Kaputt machen können Sie nichts, der Browser weist Sie wie in Abbildung 1.6 rechtzeitig auf Fehler hin. Um neu zu starten, drücken Sie die Taste F5.

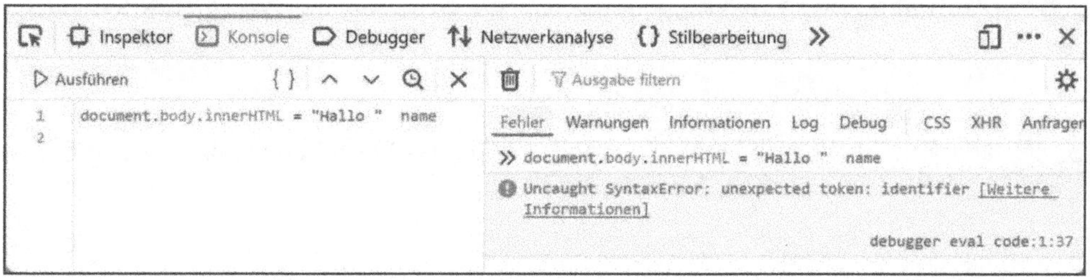

Abbildung 1.6: Der Browser weist deutlich auf einen Fehler im Programmcode hin (rechts unten).

Berechnungen durchführen

Als Nächstes wollen wir etwas mehr wagen und eine Berechnung durchführen. Wir fragen den Nutzer oder die Nutzerin nach einer Zahl, multiplizieren sie mit sich selbst (quadrieren sie) und zeigen das Ergebnis an.

Skizzieren Sie zuerst den Ablauf (Pseudocode):

```
Frage den Nutzer nach einer Zahl (prompt)
Speichere die Zahl in einer Variablen
Multipliziere die Zahl mit sich selbst
Gib das Ergebnis in einer Box aus
```

Die Umsetzung in JavaScript:

```
number = prompt("Geben Sie eine Zahl ein")
square = number * number
document.body.innerHTML = "Quadratzahl von " + number + ": " + square
```

Das Programm fragt nach einer Zahl, speichert sie in `number`, berechnet das Quadrat und gibt das Ergebnis aus.

In diesem Beispiel sehen Sie eine bunte Mischung aus Deutsch und Englisch. Dabei gilt: Alles, was zwischen Anführungszeichen steht, erscheint genau so auf dem Bildschirm (hier Deutsch). Variablennamen sind Englisch – das ist üblich, aber nicht verpflichtend.

Englisch ist die gemeinsame Sprache der Programmierung. Englische Namen für Variablen und Funktionen machen es leichter, den Code in internationalen Teams zu verstehen und Hilfe in Online-Foren zu finden.

Code verbessern

In der Programmierung gibt es oft mehrere Wege zum Ziel. Manchmal ist ein anderer Weg kürzer und klarer. Die Variable `square` ist beispielsweise nicht zwingend nötig. Wir können stattdessen auch direkt im Ausgabestring rechnen:

```
number = prompt("Geben Sie eine Zahl ein")
document.body.innerHTML =
  "Das Quadrat von " + number + " ist " + number * number
```

Dieser Code ist kürzer und leichter zu lesen, das Ergebnis dasselbe. Häufig führen mehrere Wege zum Ziel.

Refactoring bezeichnet das Umschreiben von Code zur Verbesserung von Lesbarkeit, Struktur oder Wartbarkeit – ohne das Verhalten zu ändern. Das verringert Redundanzen und erhöht die Klarheit.

Tag 4: Fremde Webseiten anpassen und verändern

Bisher haben wir mit JavaScript nur in der Konsole experimentiert. Jetzt wollen wir eine vorhandene Webseite gezielt verändern – damit kann man im Freundeskreis schnell Eindruck schinden (natürlich ändern wir das nur für uns, das Netz bekommt davon nichts mit).

HTML: Quelltext einer Webseite

Schauen wir uns den Quelltext einer beliebigen Seite an. Ich besuche hierzu die Seite `https://www.bundesliga.com`. Wenn Sie dort Strg + U drücken oder mit der rechten Maustaste auf die Seite klicken und SEITENQUELLTEXT ANZEIGEN wählen, sehen Sie den HTML-Code der Seite wie in Abbildung 1.7. Das sieht kryptischer aus, als es tatsächlich ist.

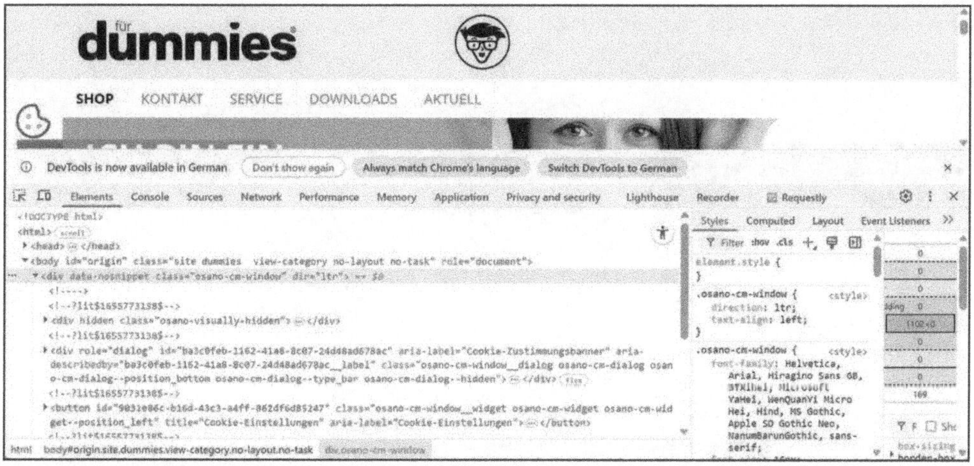

Abbildung 1.7: Der Quelltext einer Webseite besteht aus HTML-Tags, die in spitzen Klammern stehen.

Denselben Quelltext sehen Sie auch in den Entwicklertools, so wie in Abbildung 1.8 gezeigt. Klicken Sie dazu auf den Tab ELEMENTE bzw. INSPEKTOR. Dort sehen Sie den HTML-Code der Seite. Wenn Sie auf einen bestimmten Teil der Seite mit der rechten Maustaste klicken und dann UNTERSUCHEN wählen, wird der entsprechende HTML-Code hervorgehoben. Das ist praktisch, wenn Sie wissen wollen, wie eine bestimmte Stelle im Quelltext aufgebaut wird. Der Quelltext besteht aus HTML-Tags in spitzen Klammern. Diese Tags beschreiben die Struktur der Seite. Zum Beispiel steht `<h1>` für eine Überschrift erster Ebene, `<p>` für einen Absatz und `<a>` für einen Link.

Eine Webseite verändern

Jetzt ändern wir eine Überschrift auf `bundesliga.com`. Aus »Die Rückkehr des Kapitäns« machen wir »Thomas Rose ist Fußballgott«. Natürlich sieht die originale Seite bei Ihnen

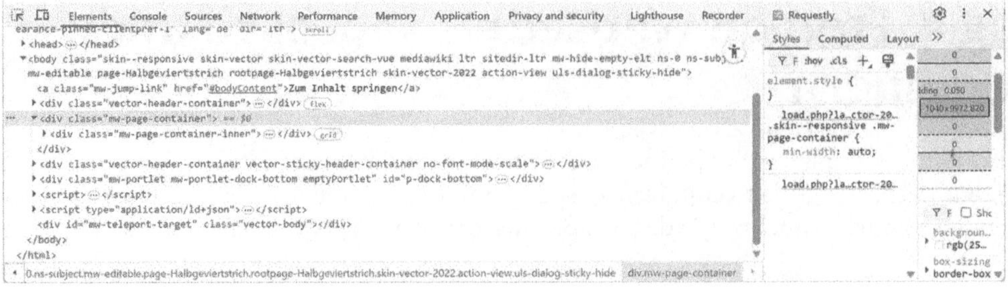

Abbildung 1.8: Der Entwicklermodus im Browser. Nach einem Rechtsklick auf ein Element und der Wahl von UNTERSUCHEN wird der entsprechende HTML-Code hervorgehoben.

vermutlich anders aus – die Inhalte ändern sich laufend. Klicken Sie mit der rechten Maustaste auf eine Überschrift und wählen Sie UNTERSUCHEN. Dann sehen Sie in den Entwicklertools den HTML-Code, der für diese Überschrift verantwortlich ist, so wie in Abbildung 1.9 gezeigt.

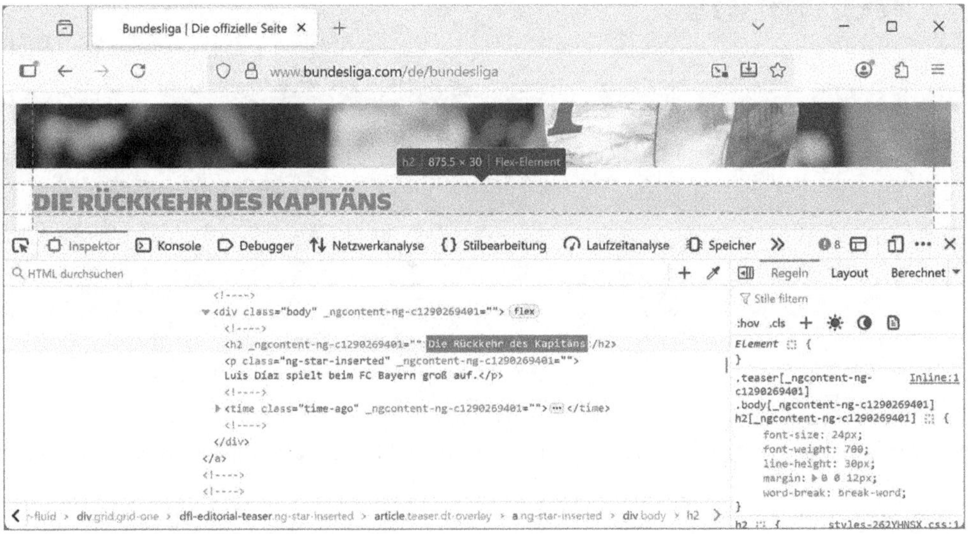

Abbildung 1.9: Der Inspektor zeigt den HTML-Code der Seite.

In den Entwicklertools klicken Sie doppelt auf den Text, ändern ihn in »Thomas Rose ist Fußballgott« und drücken die Eingabetaste. Voilà – die Überschrift ist geändert.

Jetzt können Sie einen Screenshot machen, auf den 1. April warten und das Bild Ihren Freundinnen und Freunden schicken.

Probieren Sie herum: Sie können jeden Text, jedes Bild und viele andere Elemente verändern.

Haben Sie kalte Füße bekommen? Keine Angst – wenn Sie die Seite neu laden, ist alles wieder beim Alten. Sie haben nur die Darstellung in Ihrem *lokalen* Browser verändert. Die echte Webseite bleibt unverändert. Beim Neuladen wird der Originalcode erneut vom Server geladen – Ihre Änderungen sind verschwunden.

Tag 5: Welche Programmiersprachen gibt es?

Es gibt unzählige Programmiersprachen, die jeweils einen bestimmten Zweck erfüllen. Einige bekannte Beispiele:

- **Python**: Beliebt für Datenanalyse, Machine Learning und Webentwicklung; einfache Syntax, viele Bibliotheken.
- **Java**: Weit verbreitet für Unternehmensanwendungen und Android. Java ist plattformunabhängig, Code kann also auf dem Mac, PC und Linux laufen.
- **JavaScript**: Läuft in jedem modernen Browser; mit Frameworks wie React, Angular oder Vue.js für interaktive Webanwendungen.
- **C/C++**: Systemnahe Programmierung und Spieleentwicklung; hohe Leistung, direkte Speicher- und Hardwarekontrolle, aber komplex.
- **Ruby**: Fokus auf Einfachheit und Lesbarkeit; durch Ruby on Rails in der Webentwicklung populär.
- **PHP**: Serverseitig für Webanwendungen; Basis vieler Content-Management-Systeme (CMS) wie WordPress, Joomla oder Drupal.
- **Swift**: Für iOS- und macOS-Entwicklung; moderne Syntax, sicher und performant.
- **Go**: Von Google; effizient, einfach, gut für Cloud-Dienste und parallele Anwendungen.
- **Rust**: Sichere und schnelle Systemprogrammiersprache; verhindert viele Speicherfehler schon zur Compile-Zeit.
- **Kotlin**: Moderne Sprache für Android; interoperabel mit Java.
- **R**: Häufig eingesetzt in Statistik und Datenanalyse; viele Pakete für Visualisierung und wissenschaftliches Rechnen.

JavaScript und Java haben kaum Gemeinsamkeiten. JavaScript hieß ursprünglich *LiveScript*; der Name wurde aus Marketinggründen geändert.

Programmiersprachen lassen sich grob einteilen:

- **Hochsprachen**: Leicht verständlich, abstrahieren technische Details (Python, Java, Ruby).
- **Systemnahe Sprachen (Low-Level)**: Näher an der Hardware (C, Assembly).
- **Objektorientierte Sprachen**: Arbeiten mit Klassen/Objekten (Java, C++, Python).
- **Prozedurale/imperative Sprachen**: Fokus auf Ablauf in Funktionen/Prozeduren (C, Pascal).

- **Skriptsprachen**: Werden erst zur Laufzeit in Maschinenbefehle umgesetzt (»interpretiert«), gut für Automatisierung (Python, Perl, Bash, JavaScript).
- **Auszeichnungssprachen**: Strukturieren Inhalte, keine Logik (HTML, XML).
- **Abfragesprachen**: Für Datenbanken, zum Beispiel SQL.

HTML ist keine Programmiersprache, sondern eine Auszeichnungssprache. Sie definiert Struktur und Inhalt einer Webseite. Berechnungen oder Wenn-dann-Verzweigungen bieten erst Programmiersprachen wie JavaScript.

Für unser Spiel nutzen wir HTML und CSS als Gerüst; die Spiellogik programmieren wir in JavaScript. JavaScript läuft im Browser und eignet sich sehr gut für interaktive Anwendungen. Es gehört zu den meistgenutzten Sprachen weltweit.

Eine Webseite nutzt typischerweise *HTML, CSS* und *JavaScript*:

- HTML bestimmt die Struktur der Seite,
- CSS bestimmt das Design und
- JavaScript kümmert sich um die Interaktivität.

Tag 6: Quiz – testen Sie Ihr Wissen

Frage 1: Im folgenden Code hat sich der Fehlerteufel eingeschlichen. Finden Sie den Fehler! Was ist falsch und wozu führt es?

```
console.log(Hello World)
```

Frage 2: HTML ist die Grundlage jeder Webseite. Zu welcher Sprachfamilie gehört HTML?

1. Programmiersprache
2. Auszeichnungssprache
3. Skriptsprache
4. Datenbanksprache

Frage 3: Nach dem Neuladen einer Webseite sind Ihre Änderungen nicht sichtbar. Woran kann das liegen?

1. Der Browser hat die alte Version der Datei im Cache gespeichert.
2. Die Änderungen waren nur temporär in den Entwicklertools und wurden nicht dauerhaft gespeichert.
3. Der Webserver ist nicht erreichbar.
4. Erst wenn man auf SPEICHERN klickt, werden die Änderungen übernommen.

Frage 4: Sie haben in Ihrem Programm eine Variable namens `x`. Wie geben Sie den Wert dieser Variablen in der Konsole aus?

1. `echo x;`
2. `print(x);`
3. `console.log(x);`
4. `console.print(x);`

Frage 5: In einem Programm stolpern Sie über die folgende Codezeile. Was bewirkt dieser Befehl?

```
prompt("Wie heißt du?");}
```

1. Es wird eine Eingabeaufforderung angezeigt.
2. Der Code wirft einen Fehler, weil der Befehl nicht existiert.
3. Es wird eine Nachricht in der Konsole angezeigt.
4. Es passiert nichts, weil die Eingabe nicht in einer Variablen gespeichert wird.

IN DIESEM KAPITEL...

Was ist eine Entwicklungsumgebung?

VS Code einrichten

Übungsdateien herunterladen

Kapitel 2

Zweite Woche: Vorbereitungen zum eigenen Programmieren

Um Programmieren zu lernen, brauchen Sie eine geeignete Umgebung. In dieser Woche installieren Sie einen modernen Texteditor, richten ihn für die Webentwicklung ein und laden Übungsdateien herunter. Außerdem lernen Sie die wichtigsten Dateitypen kennen, mit denen Sie in den kommenden Wochen zu tun haben werden.

Tag 7: Vom Ausprobieren zum echten Programmieren

Bisher haben wir JavaScript-Befehle direkt in der Konsole des Browsers ausgeführt. Das waren echte Befehle – aber nur der erste Schritt. Um richtig programmieren zu können, schreiben wir Code in eine Datei und führen diese dann im Browser aus.

Programmieren heißt, *Quelltext* (oder *Quellcode*) zu schreiben: Klar strukturierter Text in einer Programmiersprache, die der Computer verarbeiten kann – hier JavaScript.

Code schreiben wir nicht mit Word oder einer Textverarbeitung, weil solche Programme unsichtbare Formatierungen hinzufügen. Der Computer kann damit nichts anfangen. Wir nutzen stattdessen reine Texteditoren oder spezialisierte Code-Editoren.

Ein einfacher Texteditor

Der einfachste Weg: Verwenden Sie einen schlichten Editor – unter Windows *Notepad*, unter macOS *TextEdit* (im Nur-Text-Modus, wohlgemerkt). In Abbildung 2.1 sehen Sie Notepad unter Windows. Schreiben Sie

```
<script>
  alert("Hallo Welt!");
</script>
```

und speichern Sie dies in einer Datei mit dem Namen `index.html` (Endung unbedingt `.html`). Öffnen Sie sie anschließend im Browser (Doppelklick oder Rechtsklick |ÖFFNEN MIT). Ein Dialog mit »Hallo Welt!« erscheint – Ihr erstes eigenes HTML/JavaScript-Dokument. Glückwunsch!

Werden Dateiendungen (zum Beispiel `.html` oder `.js`) nicht angezeigt, aktivieren Sie die Anzeige in Windows über ANSICHT | DATEINAMENERWEITERUNGEN. Unter macOS machen Sie das im Finder: EINSTELLUNGEN | ERWEITERT | »Alle Dateinamenerweiterungen einblenden«.

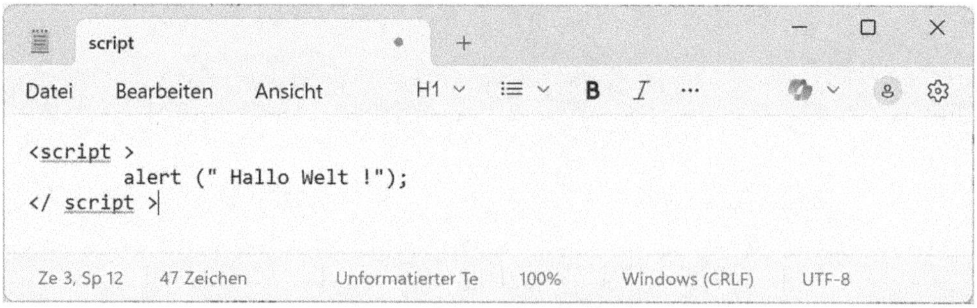

Abbildung 2.1: Notepad ist ein einfacher Texteditor, der auf jedem Windows-Rechner vorinstalliert ist.

Notepad & Co. bieten jedoch kaum Komfort: keine Syntaxhervorhebung, kein Autovervollständigen.

Syntax bezeichnet die korrekte Schreibweise und Anordnung von Sprachelementen (zum Beispiel Schlüsselwörter, Klammern, Anführungszeichen, Semikolons). Manche Syntaxelemente sind verpflichtend, andere optional. Fehler in der Syntax führen zum Abbruch des Programms.

Spezielle Programme

Vorinstallierte Editoren sind nicht optimal. Spezialisierte Code-Editoren oder integrierter Entwicklungsumgebungen (Integrated Development Environment, IDE) wie *Visual Studio Code, Sublime Text* oder *WebStorm* bieten:

- ✔ Syntax-Highlighting, also die farbliche Hervorhebung von Sprachelementen
- ✔ Autovervollständigen
- ✔ integrierte Dateiverwaltung
- ✔ Erweiterungen und Debugging-Werkzeuge, um Fehler zu finden

In diesem Buch arbeiten wir mit *Visual Studio Code*. Diese IDE ist kostenlos, plattformübergreifend und flexibel erweiterbar.

Tag 8: Was ist eine IDE? – Ihr Werkzeugkasten beim Programmieren

Heute installieren wir eine spezialisierte Software, die Sie beim Programmieren unterstützt – und zwar eine *Integrierte Entwicklungsumgebung* (IDE). Sie markiert Code farblich (*Syntax-Highlighting*), vervollständigt ihn automatisch, warnt bei Fehlern, hilft bei der Fehlersuche (*Debugging*) und bietet viele weitere Funktionen. Eine sehr verbreitete Umgebung für JavaScript ist *Visual Studio Code (VS Code)*, Sie sehen es in Abbildung 2.2. Wir installieren jetzt VS Code und sehen uns Grundfunktionen an.

Hier beschreibe ich Ihnen, wie Sie VS Code lokal auf Ihrem Rechner installieren. Falls Sie das nicht können oder wollen, können Sie VS Code auch im Browser nutzen – zum Beispiel auf einem zweiten Rechner. Dabei nutzen Sie *GitHub Codespaces*. Wie Sie das einrichten, zeige ich Ihnen im Anhang »Direkt im Browser programmieren mit Codespaces«.

Installation von Visual Studio Code

1. Webseite öffnen: `https://code.visualstudio.com/`
2. Passende Version (Windows, macOS, Linux) herunterladen

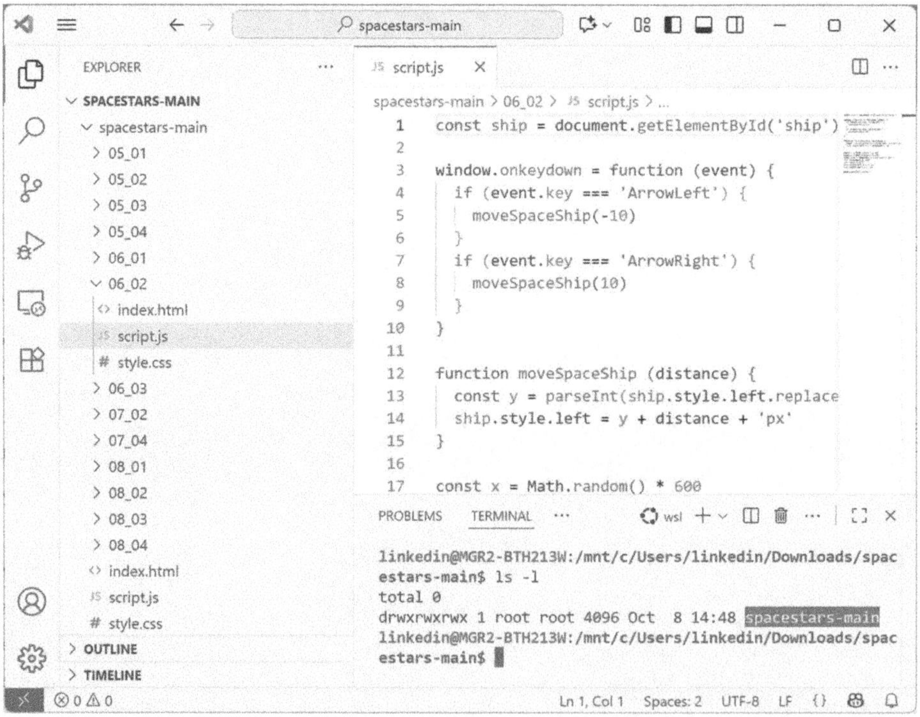

Abbildung 2.2: Fensteraufbau von Visual Studio Code: links Seitenleiste (Explorer, Suche, Erweiterungen), rechts der Editorbereich, ganz unten die Statusleiste

3. Installationsanweisungen folgen

4. VS Code starten

Sie können VS Code auch im Browser nutzen (GitHub Codespaces oder `https://vscode.dev`). Mehr dazu im Abschnitt Direkt im Browser programmieren mit Codespaces.

Erste Schritte mit Visual Studio Code

1. VS Code öffnen

2. Menü: DATEI | ORDNER ÖFFNEN und einen Projektordner wählen

3. Neue Datei anlegen (nicht »Textdatei«!) und `index.html` nennen

4. Im leeren Dokument ein Ausrufezeichen `!` tippen und [Tab] drücken – das HTML-Grundgerüst wird eingefügt

Jetzt sollte Ihr Dokument wie in Abbildung 2.3 aussehen.

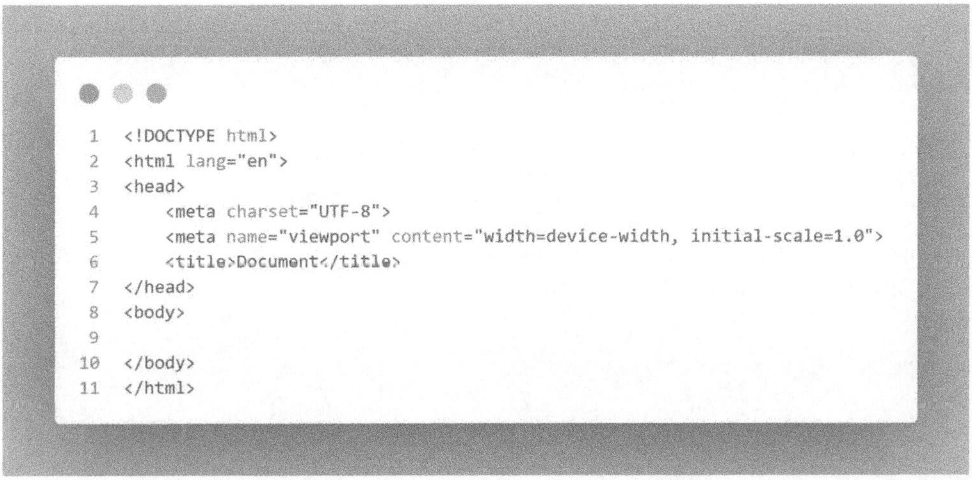

Abbildung 2.3: HTML-Grundgerüst per Emmet-Abkürzung: Ausrufezeichen + Tab

Fügen Sie zwischen den beiden <body>-Tags folgenden Text ein:

- ✔ *Hallo Welt!*
- ✔ Speichern: [Strg]+[S]
- ✔ Datei im Browser öffnen (Doppelklick oder Rechtsklick | ÖFFNEN MIT)

Ihre erste eigene HTML-Seite sollte jetzt im Browser wie in Abbildung 2.4 aussehen.

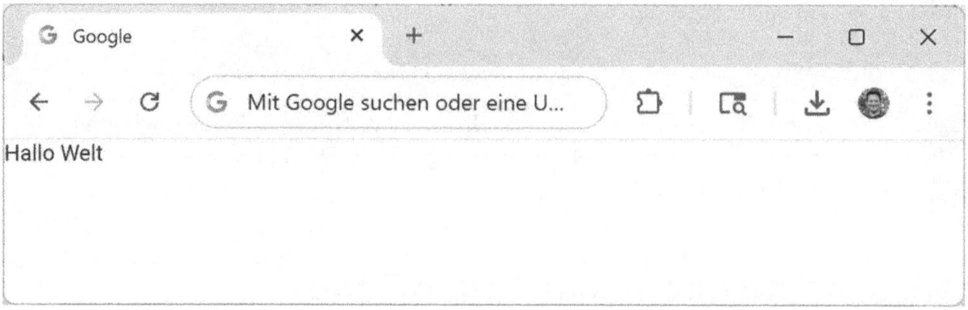

Abbildung 2.4: Ihre erste eigene HTML-Seite im Browser

Einfügen eines Bildes

Speichern Sie ein Bild (zum Beispiel `bild.png`) im selben Ordner wie die index.html-Datei. Ergänzen Sie im <body>

```
<img src="bild.png" alt="Beschreibung des Bildes">
```

Achten Sie darauf, dass Sie Dateiname und Endung korrekt schreiben!

Wird kein Bild angezeigt? Prüfen Sie: Dateiname exakt? Gleicher Ordner? Richtige Endung (`.png`, `.jpg`)?

Passt (Ihnen) die Größe nicht? So können Sie das Bild skalieren:

```
<img src="bild.png" alt="Beschreibung" width="300" height="200">
```

Experimentieren Sie mit anderen Werten für `width` oder mit der Angabe `style="width:50%;"` für flexible Größen.

Tag 9: VS Code einrichten – Mit Extensions zum Profi-Tool

Gestern haben Sie VS Code installiert und kennengelernt. Heute passen wir die IDE an und installieren einige *Extensions*. Diese erweitern die Funktionalität und machen VS Code effizienter.

Auto Save

Damit Änderungen nicht verloren gehen, aktivieren wir als Erstes *Auto Save* so wie in Abbildung 2.5 gezeigt:

✔ Menü: DATEI | AUTO SAVE

✔ Fertig – Speichern per Hand entfällt weitgehend.

(Optional lassen sich in den Einstellungen für Auto Save Varianten wie »afterDelay« konfigurieren.)

Extension: Live Server

Im Alltag kostet wiederholtes Neuladen Zeit: kleine Änderung, zum Browser wechseln, RELOAD klicken – hunderte Male am Tag. Die Extension *Live Server* nimmt Ihnen das ab. Sie erkennt Dateiänderungen und aktualisiert den Browser automatisch. Sie sehen *Live Server* in Abbildung 2.6.

So installieren Sie Live Server:

1. Extensions-Ansicht öffnen (Symbolleiste links, fahren Sie mit der Maus über die Icons, um die Namen anzuzeigen)
2. Nach `Live Server` suchen
3. INSTALL klicken

Sie können nun in der Dateiliste eine `.html`-Datei mit rechts anklicken und OPENWITH LIVE SERVER wählen.

Mit aktiviertem *Auto Save* erscheinen Ihre Änderungen am Code sofort im Browser – kein manuelles Neuladen, kein Speichern per Hand.

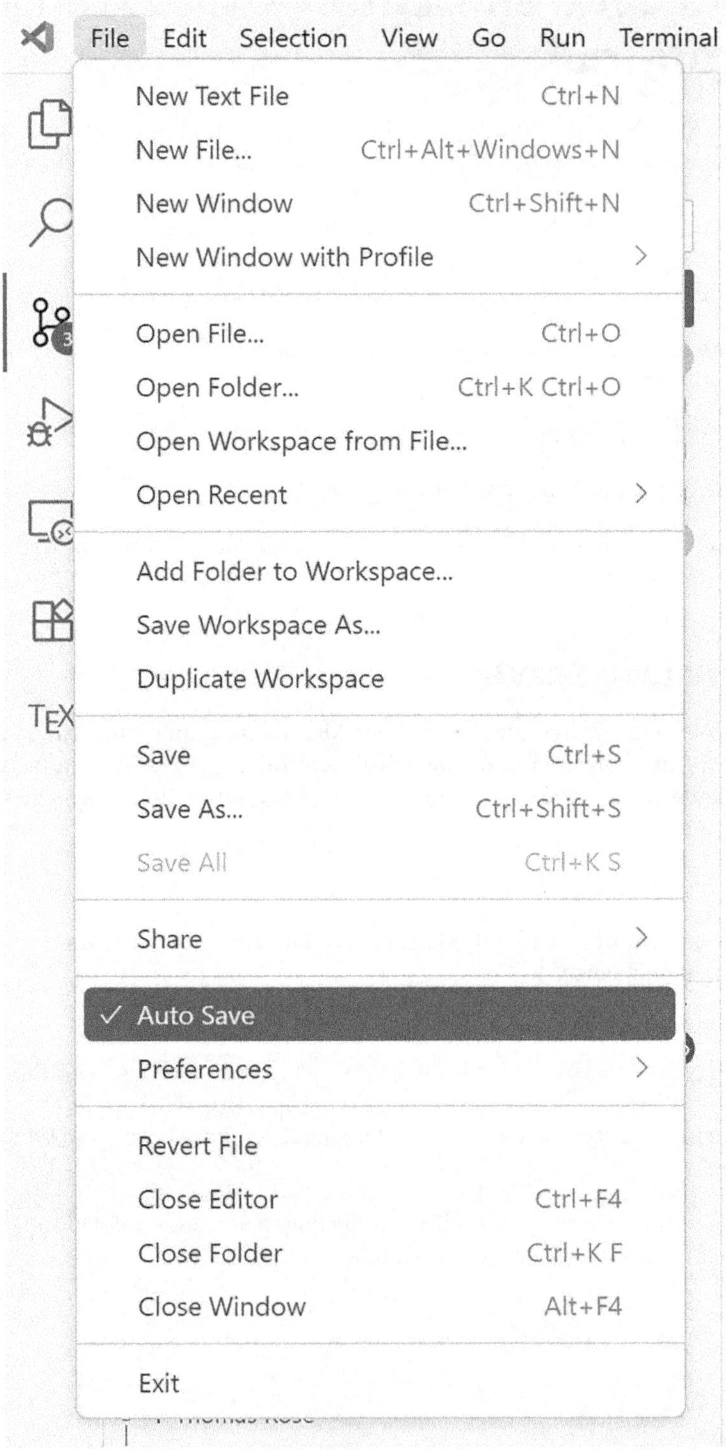

Abbildung 2.5: Wenn Sie Auto Save aktivieren, werden Sie nie mehr vergessen zu speichern.

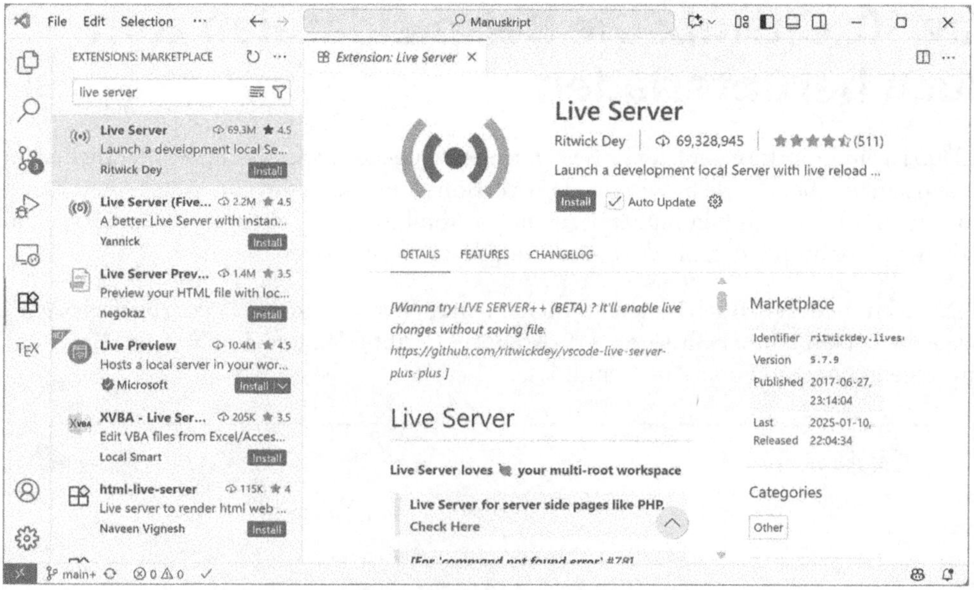

Abbildung 2.6: Installation von Live Server

Das Aussehen von VS Code ändern

VS Code lässt sich umfangreich anpassen. Wir ändern hier zum Beispiel das Farbschema (Theme):

✔ Menü: DATEI | EINSTELLUNGEN | THEMES | COLOR THEME

✔ Ein Theme auswählen (hell/dunkel/kontrastreich)

Die Farbgebung von Oberfläche und Syntax-Highlighting ändert sich sofort.

Tag 10: GitHub: Die Beispieldateien zum Buch herunterladen

GitHub ist eine Plattform, auf der Entwicklerinnen Quellcode speichern, veröffentlichen und gemeinsam bearbeiten. Sie basiert auf dem Versionskontrollsystem *Git*. Viele Open-Source-Projekte und Unternehmen nutzen GitHub. In Abbildung 2.7 sehen Sie einen Screenshot. In diesem Abschnitt laden Sie dort die Übungsdateien zum Buch herunter.

Die Dateien zu diesem Buch finden Sie im Repository `https://github.com/codeispoetry/spacestars`. Dort können Sie sie als ZIP-Archiv herunterladen und direkt verwenden – ganz ohne eigenen Account oder Git-Kenntnisse.

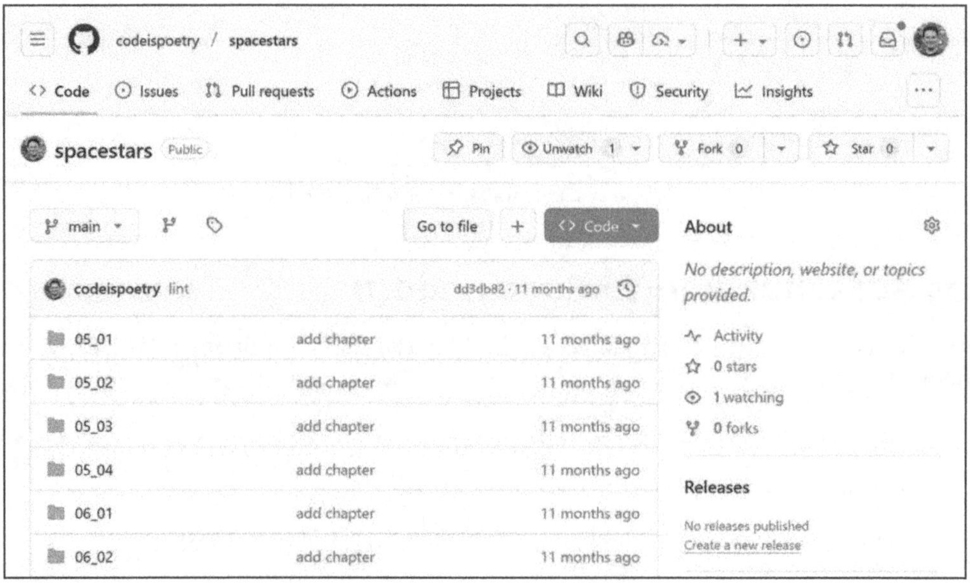

Abbildung 2.7: GitHub ist eine Plattform zum Hosten und Verwalten von Softwareprojekten.

Übungsdateien herunterladen

Die Übungsdateien sind, wie gesagt, in einem GitHub-Repository gespeichert. So laden Sie sie herunter, siehe auch Abbildung 2.8:

- ✔ Seite öffnen: `https://github.com/codeispoetry/spacestars`
- ✔ Grünen Button Code anklicken | Download ZIP
- ✔ ZIP entpacken (Rechtsklick | Entpacken)
- ✔ Ordner in Visual Studio Code öffnen

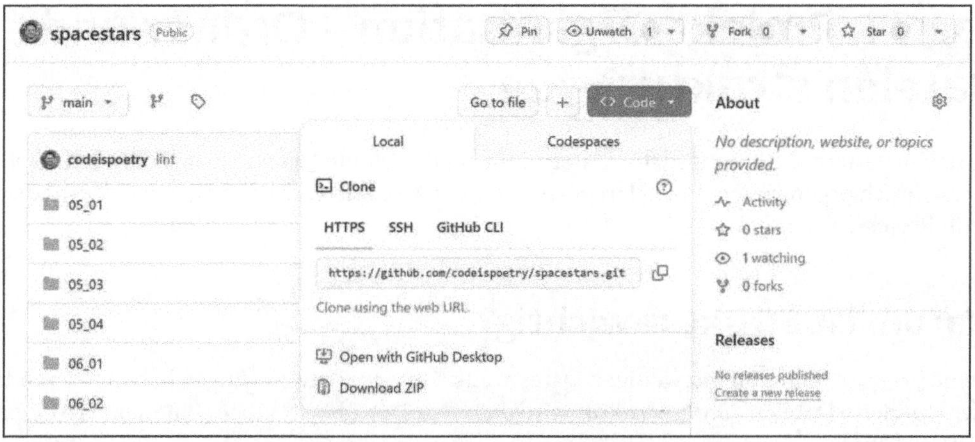

Abbildung 2.8: Download des Repositorys als ZIP-Datei

Die Übungsdateien sind pro Kapitel organisiert. Typische Dateien sind

- ✔ `index.html` – HTML-Grundgerüst
- ✔ `style.css` – Gestaltung (Aussehen)
- ✔ `script.js` – Spiellogik (JavaScript)

Das Spiel starten

Öffnen Sie die Datei `index.html` im Browser, um das Spiel zu starten:

- ✔ Öffnen Sie `index.html` im Browser (Doppelklick) oder komfortabler per Rechtsklick in VS Code | Open with Live Server (Erweiterung erforderlich).
- ✔ Auf Start klicken
- ✔ Sterne einsammeln – Zeit beobachten

Ein GitHub-Account ist erst nötig, wenn Sie eigenen Code online speichern oder teilen möchten. Der Download der Übungen funktioniert ohne Anmeldung.

Tag 11: Projekt-Organisation – Ordner und Dateien strukturieren

Sie haben gestern die Übungsdateien heruntergeladen. Heute lernen Sie, wie Sie Ihr Projekt übersichtlich organisieren. Eine klare Struktur spart Zeit und verhindert Chaos – besonders wenn Projekte wachsen.

Warum ist Struktur wichtig?

Kleine Projekte kommen mit wenigen Dateien aus. Größere Anwendungen haben Dutzende oder Hunderte Dateien. Ohne Struktur wird das schnell unübersichtlich. Eine saubere Organisation hilft:

- ✔ **Dateien schneller finden** – kein Suchen in langen Listen
- ✔ **Code wartbar halten** – Zusammengehöriges liegt beieinander
- ✔ **Im Team arbeiten** – andere verstehen Ihre Struktur sofort

Eine gute Projektstruktur trennt verschiedene Dateitypen (HTML, CSS, JavaScript) in eigene Ordner und gruppiert zusammengehörige Dateien logisch.

Typische Ordnerstruktur

Ein übliches Webprojekt sieht so aus:

```
projekt/
  index.html
  css/
   style.css
  js/
   script.js
  images/
   logo.png
```

Jede Ebene hat einen klaren Zweck:

- ✔ `index.html` – Einstiegspunkt (immer im Hauptverzeichnis)
- ✔ `css/` – alle Stylesheets
- ✔ `js/` – alle JavaScript-Dateien
- ✔ `images/` – Bilder, Icons, Grafiken

Nutzen Sie englische Ordnernamen und Kleinschreibung. Das ist Standard in der Webentwicklung und vermeidet Probleme auf Servern (manche Server unterscheiden Groß-/Kleinschreibung).

Pfade richtig angeben

Wenn Dateien in Unterordnern liegen, müssen Sie den Pfad anpassen. Beispiel in `index.html`:

```
<link rel="stylesheet" href="css/style.css">
<script src="js/script.js"></script>
<img src="images/logo.png" alt="Logo">
```

Achten Sie auf:

✔ **Relativer Pfad:** `css/style.css` (von der aktuellen Datei aus)

✔ **Keine Leerzeichen** in Datei- oder Ordnernamen

✔ **Korrekte Schreibweise** – Groß-/Kleinschreibung kann wichtig sein.

Absolute Pfade (`/css/style.css`) starten vom Wurzelverzeichnis des Servers. Relative Pfade sind flexibler und funktionieren auch lokal ohne Server.

Übung: Eigene Struktur anlegen

Probieren Sie es selbst:

1. Neuen Projektordner anlegen
2. Unterordner erstellen: `css`, `js`, `images`
3. `index.html` im Hauptverzeichnis anlegen
4. Neue Datei `style.css` im Ordner `css` anlegen
5. In `index.html` auf `css/style.css` verlinken
6. Datei im Browser öffnen und prüfen, ob das Stylesheet geladen wird

VS Code zeigt im Explorer die gesamte Ordnerstruktur. Klicken Sie mit rechts auf einen Ordner, um neue Dateien oder Unterordner anzulegen.

Best Practices für Dateinamen

- ✔ **Sprechende Namen:** `navigation.css` statt `style2.css`
- ✔ **Kleinbuchstaben:** `script.js` statt `Script.JS`
- ✔ **Bindestriche statt Leerzeichen:** `main-menu.css` statt `main menu.css`
- ✔ **Keine Umlaute:** `ueber-uns.html` statt `über-uns.html`

Eine konsistente Namenskonvention erleichtert das Arbeiten im Team und vermeidet technische Probleme auf verschiedenen Betriebssystemen.

Tag 12: Quiz – testen Sie Ihr Wissen der zweiten Woche

Frage 1: Zum Programmieren benutzen Entwicklerinnen spezielle Editoren.Warum kann man zum Programmieren kein Word als Editor verwenden?

1. Word ist von Microsoft und erlaubt keine fremden Programmiersprachen.
2. Word fügt Formatierungen (Schriftarten, Farben, Größen) hinzu. Quelltext besteht aber aus reinem Text ohne Formatierung.
3. Word hat eine maximale Seitenzahl von 1024, das ist für komplexe Programme zu wenig.
4. Word eignet sich hervorragend zum Programmieren von Quellcode.

Frage 2: Sogar für die kleinsten Projekte lohnt sich der Einsatz einer Integrierten Entwicklungsumgebung. Wobei hilft so eine IDE? Sie sind hilfreich, wegen (mehrere Antworten möglich):

1. Syntax-Highlighting
2. Autovervollständigung
3. hilfreicher Erweiterungen
4. Dokumentationshilfen

Frage 3: GitHub ist ein wichtiger Bestandteil der Entwickler-Welt. Was ist GitHub?

1. Ein Programm zur automatischen Syntaxkontrolle beim Programmieren
2. Eine Programmiersprache
3. Eine Plattform zur Veröffentlichung von Code
4. Ein Programmier-Forum

Frage 4: VS Code ist ein sehr mächtiger Code-Editor. Womit kann man die Funktionen von VS Code noch erweitern?

1. Plugins
2. Eigene Codeschnipsel
3. Gar nicht
4. Extensions

Frage 5: Warum wird die Datei `style.css` in einem separaten Ordner `css/` abgelegt?

1. weil CSS-Dateien sonst nicht funktionieren
2. um Ordnung zu halten und Dateien zu strukturieren
3. weil der Webserver sonst abstürzt
4. weil CSS-Dateien sonst langsamer geladen werden

IN DIESEM KAPITEL...

HTML-Grundlagen

Tags und ihre Attribute

Interaktive Buttons

Kapitel 3
Dritte Woche: HTML

HTML (*HyperText Markup Language*) ist die Sprache, mit der Webseiten strukturiert werden. HTML beschreibt die Bedeutung von Inhalten (Überschrift, Absatz, Liste, Bild, Link etc.) und ordnet sie hierarchisch an. Sie ist die Grundlage **jeder** Webseite.

Tag 13: HTML verstehen – Das Grundgerüst jeder Webseite

Jede Webseite – wirklich jede – besteht aus HTML. HTML ist das Fundament: egal ob Browsergame, Banking-Seite oder Blog über Schafhaltung. HTML ist eine Auszeichnungssprache, die beschreibt, welche Elemente es gibt und wie sie strukturiert sind.

HTML ist keine Programmiersprache, sondern eine *Auszeichnungssprache*. Sie führt keine Berechnungen aus und enthält keine Logik. Sie beschreibt ausschließlich Struktur und Bedeutung (Semantik) von Inhalten.

Deshalb benötigen moderne Webseiten zusätzlich zu HTML zwei weitere wesentliche Elemente:

- **CSS** für das systematische Management der Darstellung von Inhalten (Farben, Abstände, Layout, Schriftarten)
- **JavaScript** für Interaktivität und Logik (Reaktionen auf Klicks, Animationen, Spielmechaniken)

Diese Woche konzentrieren wir uns auf HTML. Später folgt CSS; danach setzen wir die Spiellogik in JavaScript um.

HTML-Grundgerüst

Eine HTML-Datei – wie in Abbildung 3.1 gezeigt – ist eine reine Textdatei mit der Endung `.html`. Sie können sie mit jedem Texteditor erstellen; wir verwenden VS Code.

HTML-Tags: Namen und Attribute

Die spitzen Klammern kennzeichnen *Tags*. Ein einfaches Tag sieht so aus: `<p>`. Viele Elemente besitzen ein öffnendes und ein schließendes Tag: `<p>Inhalt</p>`.

Tag-Attribute liefern Zusatzinformationen in der Form `attribut="wert"`: `<img src="bild.jpg" alt="Mein Bild">`. Hier:

- `src` gibt den Speicherort/die URL des Bildes an.
- `alt` liefert Alternativtext (zum Beispiel für Screenreader oder als Fallback).

Häufige Attribute sind

- `id`: eindeutige Kennung eines Elements (`<div id="game">`),
- `class`: Gruppierung mehrerer Elemente (`<p class="intro">`).

```html
<!DOCTYPE html>
<html lang="de">
<head>
    <meta charset="UTF-8">
    <meta name="viewport" content="width=device-width, initial-scale=1.0">
    <title>Spacestar</title>
    <link rel="stylesheet" href="style.css">
</head>
<body>
    <div id="game">
        <div id="ship" style="left: 40px"></div>
        <div id="gameOver">Game Over</div>
    </div>
    <div>
        Gefallene Sterne:
        <span id="score">0</span>
    </div>
    <button id="start" onClick="startGame()">Start</button>
    <button id="pause" onClick="stopGame()">Stop</button>
    <input type="text" id="name" placeholder="Name">
    <button id="save" onClick="addToHighscore()">Speichern</button>
    <ul id="highscore"></ul>

    <script src="script.js"></script>
</body>
</html>
```

Abbildung 3.1: HTML besteht aus einfachem Text mit sogenannten Tags in spitzen Klammern.

Öffnende und schließende Tags

Es gibt:

- ✔ **Elemente mit Inhalt**: öffnendes und schließendes Tag, etwa `<p>Text</p>`, `<h1>Überschrift</h1>`, `<a href="https://www.wiley-vch.de/">Website</a>`
- ✔ **Leere Elemente**: kein Inhalt, kein schließendes Tag, zum Beispiel `<img src="bild.jpg" alt="Bild">`, `<br>`, `<hr>`

Der schließende Tag hat ein / vor dem Namen: `</p>`.

Beispiele

Häufige HTML-Elemente sind:

- ✔ Absatz: `<p>Hier kommt mein Text</p>`
- ✔ Überschrift erster Ebene (Hauptüberschrift): `<h1>Schafe halten</h1>`

- Bild (ohne schließendes Tag): `<img src="schaf.jpg" alt="Ein Schaf">`
- Link: `<a href="https://www.wiley-vch.de/">Website zum Buch</a>`
- Zeilenumbruch: `<br>`

Gute Praxis

Beim Schreiben von HTML sollten Sie folgende Regeln beachten:

- Nur eine `<h1>` pro Seite (Hauptüberschrift)
- Sinnvolle Alternativtexte bei Bildern (`alt` nie leer lassen, außer bei rein dekorativen Bildern)
- Nur eine ID pro Seite; Klassen können mehrfach vergeben werden.
- Keine übermäßige Nutzung von `<br>` für Abstände – dafür später CSS

Mit diesen Grundlagen können Sie bereits einfache Seiten strukturieren. Im nächsten Schritt erweitern wir das Grundgerüst und binden erste eigene Elemente ein.

Tag 14: Das Grundgerüst jeder Webseite: HTML

Sie kennen jetzt die Grundidee von HTML. Heute sehen wir uns das Grundgerüst einer HTML-Seite an und erstellen eine erste eigene Datei. In Abbildung 3.2 sehen Sie, wie Sie in VS Code eine neue Datei anlegen.

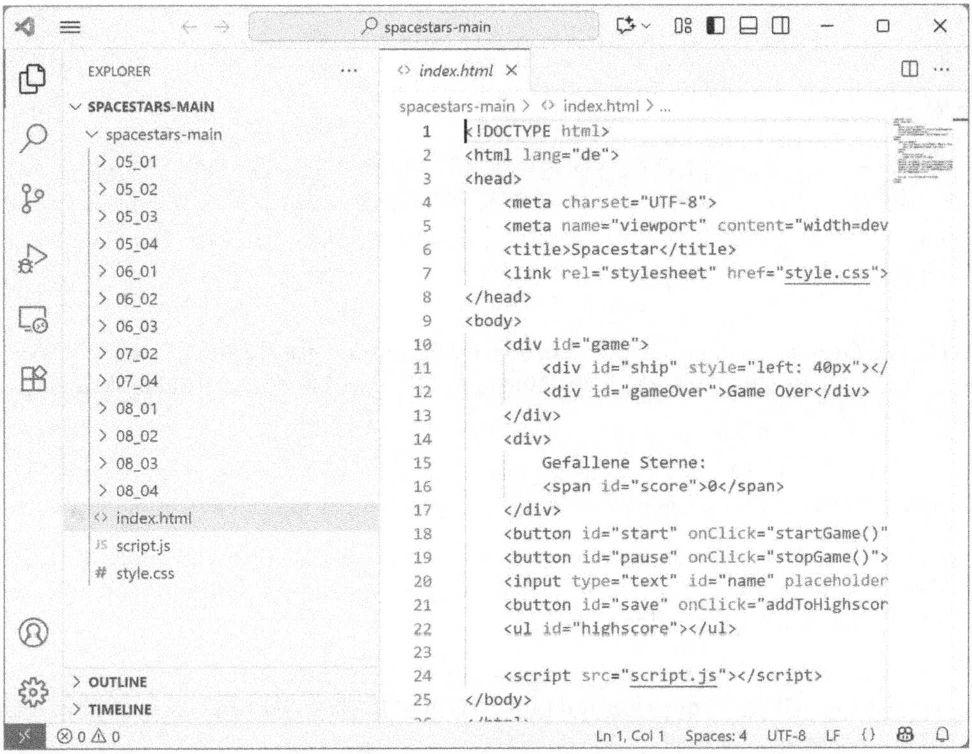

Abbildung 3.2: Um in VS Code eine neue Datei anzulegen, klicken Sie auf das Folder-Icon mit dem Plus-Zeichen.

Wenn Sie in VS Code eine neue Datei anlegen und sie `index.html` nennen, können Sie mit dem HTML-Grundgerüst beginnen. Sie müssen dazu nur noch ein ! tippen und dann die ↹-Taste drücken. VS Code wird Ihnen dann automatisch das Grundgerüst für eine HTML-Seite erstellen. Es sieht wie in Abbildung 3.3 gezeigt aus.

```
<!DOCTYPE html>
<html lang="en">
<head>
    <meta charset="UTF-8">
    <meta name="viewport" content="width=device-width, initial-scale=1.0">
    <title>Document</title>
</head>
<body>

</body>
</html>
```

Abbildung 3.3: Das HTML-Grundgerüst besteht aus dem `doctype`, dem `html`-Tag, dem head-Tag und dem body-Tag.

Das HTML-Grundgerüst besteht aus dem `doctype` sowie den drei Tags `html`, `head` und `body`. Diese vier Elemente sind die Grundbausteine von HTML und finden sich auf praktisch jeder Webseite.

- ✔ `<!DOCTYPE html>` ist der Doctype. Er sagt dem Browser, dass es sich um eine HTML-Seite handelt. Der Doctype muss auf einer HTML-Seite immer an erster Stelle stehen.
- ✔ `<html>` ist das Wurzel-Element (root element). Es umschließt die gesamte Webseite. Alles, was Sie auf Ihrer Webseite anzeigen möchten, muss zwischen dem öffnenden und dem schließenden `<html>`-Tag stehen.
- ✔ `<head>` ist der Kopf-Bereich der Webseite. Hier stehen »Meta«-Informationen über die Webseite, zum Beispiel der Titel und Links zu CSS-Dateien. Der Kopf-Bereich wird nicht auf der Webseite angezeigt.
- ✔ `<body>` ist der Körper-Bereich der Webseite. Hier stehen die Inhalte der Webseite, zum Beispiel Texte, Bilder und Links zu anderen Inhalten. Dieser Bereich wird auf der Webseite angezeigt.

In der Regel werden sie das Grundgerüst so übernehmen, wie es ist.

Sie können nun die Seite speichern und im Browser öffnen. Dazu klicken Sie mit der rechten Maustaste auf die Datei und wählen OPEN WITH LIVE SERVER. Wenn Sie den Live Server noch nicht installiert haben, können Sie das über die Erweiterungen in VS Code tun.

Ändern Sie als ersten Test den Titel der Seite. Der Titel wird im Browser-Tab angezeigt. Bearbeiten Sie dazu den Inhalt des `<title>`-Tags zum Beispiel in: *Meine erste HTML-Seite*. Wenn Sie zum Browser zurückkehren, sehen Sie, dass sich der Titel geändert hat.

Tag 15: Weitere HTML-Elemente – Links, Bilder und Listen

Gestern haben Sie das Grundgerüst einer HTML-Seite gesehen und auch gleich angelegt. Heute erweitern wir es um typische Elemente: Links, Bilder und Listen. Damit strukturieren Sie Inhalte und verknüpfen Seiten.

Links erstellen

Um einen Link zu erstellen, verwenden wir das Tag <a> mit dem Attribut href (Zieladresse):

```
<a href="https://www.wiley-vch.de/">Zum Verlag</a>
```

- ✔ Text zwischen <a> und </a> ist anklickbar.
- ✔ Die Adressen von externen Seiten beginnen in der Regel mit https:// .
- ✔ Interne Links verweisen auf lokale Dateien im (oder relativ zum) selben Ordner: <a href="seite2.html">Nächste Seite</a>

Wenn der Link in einem neuen Tab geöffnet werden soll, nutzen Sie das Attribut target:

```
<a href="https://example.com" target="_blank" rel="noopener">
  Externer Link
</a>
```

Zeilenumbrüche und die meisten Leerzeichen im HTML-Code werden im Browser ignoriert. Sie helfen Ihnen aber, Ihren Code lesbar zu halten.

Bilder einfügen

Bilder sind Elemente ohne schließendes Tag:

```
<img src="schaf.jpg" alt="Ein weißes Schaf auf der Wiese">
```

Beachten Sie die beiden Attribute:

- ✔ src: Pfad/Dateiname
- ✔ alt: Alternativtext (Barrierefreiheit, Fallback)

Größenangaben (nur sparsam in HTML, das geht besser mit CSS):

```
<img src="schaf.jpg" alt="Schaf" width="300">
```

Wenn ein Bild nicht angezeigt wird: Ist die Schreibweise korrekt (Groß-/Kleinschreibung)? Liegt die Datei im selben Ordner? Stimmt die Endung (.jpg, .png)?

Ungeordnete und geordnete Listen

Ungeordnete Liste mit Spiegelstrichen bzw. Punkten:

```
<ul>
  <li>Apfel</li>
  <li>Banane</li>
  <li>Kirsche</li>
</ul>
```

Geordnete Liste mit Nummerieung:

```
<ol>
  <li>Erster Schritt</li>
  <li>Zweiter Schritt</li>
  <li>Dritter Schritt</li>
</ol>
```

Verschachtelungen sind auch möglich:

```
<ul>
  <li>Obst
    <ul>
      <li>Apfel</li>
      <li>Birne</li>
    </ul>
  </li>
  <li>Gemüse</li>
</ul>
```

Im Browser sieht so eine Verschachtelung dann wie in Abbildung 3.4 aus.

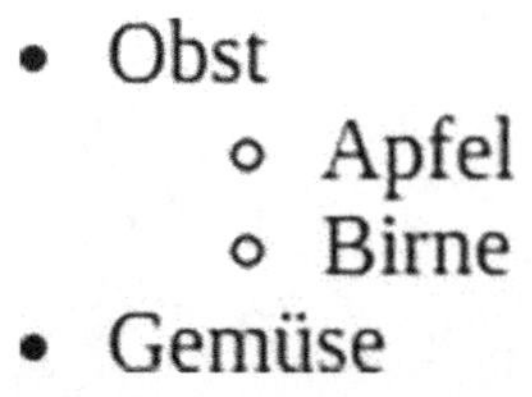

Abbildung 3.4: Verschachtelte Liste (`<ul>`) mit Listeneinträgen (`<li>`).

Semantische Bedeutung vs. Optik

Nutzen Sie Listen nur für echte Aufzählungen – nicht, um Einrückungen oder Abstände zu erzwingen. Die Darstellung Ihrer Inhalte (Abstände, Icons) steuern wir später mit CSS.

Kombination: Bild als Link

Anstelle eines Textes können Sie auch ein Bild als »Anker« für einen Link verwenden. Dazu müssen Sie zwischen die beiden `<a>`-Tags ein `<img>`-Tag einfügen:

```
<a href="seite2.html">
  <img src="weiter.png" alt="Weiter zur nächsten Seite">
</a>
```

Kleine Anwendung

Der folgende Unterabschnitt *Meine Lieblingsdinge* auf »Hierarchieebene 2« enthält eine Liste mit Links:

```
<h2>Meine Lieblingsdinge</h2>
<p>Eine kleine Sammlung:</p>
<ul>
  <li><a href="https://developer.mozilla.org/">MDN Docs</a></li>
  <li><a href="https://www.wikipedia.org/">Wikipedia</a></li>
  <li>Ein Bild:
    <img src="schaf.jpg" alt="Schaf" width="120">
  </li>
</ul>
```

Typische Fehlerquellen

Typische Fehler bei Links, Bildern und Listen sind:

✔ Fehlendes `alt` bei Bildern

✔ Falscher Pfad: `src="Bilder/schaf.jpg"` obwohl Datei im Hauptordner liegt

✔ Vergessenes schließendes `</a>` oder `</li>`

Morgen fügen wir interaktive Elemente (Buttons) hinzu und binden erste einfache Aktionen ein.

Tag 16: Aktionen auslösen mit Buttons

Das Grundgerüst für unser Weltraumspiel hat Buttons zum Starten und Stoppen des Spieles. Lassen Sie uns deren Funktion ein wenig anpassen.

```
<button id="start">Start</button>
```

Hier sehen Sie den Button zum Starten des Spieles. Bisher fehlt ihm aber die Funktionalität. Er tut also noch nichts, wenn man darauf klickt.

Um eine Aktion auszulösen, wenn jemand auf den Button klickt, gibt es in HTML das Attribut `onClick`. Dieses Attribut wird im `button`-Tag gesetzt, also genau dort, wo der Button definiert wird.

```
<button id="start" onClick="alert('Hallo Welt')">Start</button>
```

Wir kennen aus den ersten beiden Kapiteln bereits JavaScript-Funktionen. Die Funktion `alert('Hallo Welt')` beispielsweise zeigt eine Meldung im Browser an. Diese Funktion rufen wir mit diesem Code auf, wenn jemand auf den Button klickt. Wenn Sie die Seite nun im Browser neu laden und auf den Button klicken, wird die Meldung *Hallo Welt* angezeigt.

Was passiert, wenn Sie die ID des Buttons ändern? Ändern Sie die ID des Buttons in `id="los"` und speichern Sie die Datei. Laden Sie die Seite im Browser neu und klicken Sie auf den Button. Die Meldung *Hallo Welt* wird trotzdem angezeigt. Warum ist das so?

Die ID des Buttons ist nur ein Attribut, mit dem wir den Button später in CSS und JavaScript ansprechen können. Das Attribut `onClick` hingegen ist direkt mit dem Button verbunden. Es sagt dem Browser, dass er die Funktion `alert('Hallo Welt')` ausführen soll, wenn jemand auf den Button klickt. Die ID des Buttons spielt dabei keine Rolle.

Die Funktionen, die bei einem Klick auf einen Button ausgeführt werden, sind schon in einer separaten Datei definiert. In der Zeile mit dem `script`-Tag finden Sie einen Hinweis, welche Datei das ist.

HTML-Attribute

Innerhalb der HTML-Tags in unserem Grundgerüst finden Sie immer wieder die Attribute `id` und `onClick`. Mit dem ID-Attribut weisen wir einem Element eine eindeutige Kennung zu. Diese Kennung können wir später in CSS und JavaScript verwenden, um das Element zu gestalten und Aktionen auszulösen.

Sehen Sie sich bitte die Datei `index.html` aus den Übungsdateien oder in Abbildung 3.5 an. Welche weiteren Attribute finden Sie dort? Welche Bedeutung haben diese Attribute?

```html
<!DOCTYPE html>
<html lang="de">
<head>
    <meta charset="UTF-8">
    <meta name="viewport" content="width=device-width, initial-scale=1.0">
    <title>Spacestar</title>
    <link rel="stylesheet" href="style.css">
</head>
<body>
    <div id="pad">
        <div id="game">
            <div id="ship" style="left: 40px"></div>
            <div id="gameOver">Game Over</div>
        </div>
        <div>
            <div>Gefallene Sterne: <span id="score">0</span></div>
            <div id="time"></div>
            <ul id="highscore"></ul>
            <div>
                <input type="text" id="name" placeholder="Name">
                <button id="save" onClick="addToHighscore()">Speichern</button>
                <br>
                <button id="clear-highscore">Bestenliste löschen</button>
            </div>
        </div>
    </div>
    <div id="cockpit">
        <button id="start">Start</button>
        <button id="pause" onClick="pauseGame()">Pause</button>
    </div>
    <script src="script.js"></script>
</body>
</html>
```

Abbildung 3.5: Das HTML unseres Spieles.

Änderungsvorschläge

Probieren Sie selbst ein bisschen herum: Ändern Sie ein paar Attribute und schauen Sie, was passiert. Sieht man sofort eine Änderung? Oder funktioniert das Spiel dann nicht mehr?

- ✔ Ändern Sie das Attribut `placeholder` im `input`-Tag. Sehen Sie, was sich geändert hat?
- ✔ Ändern Sie die ID des Buttons `start` in `los`. Funktioniert der Button noch? Warum?
- ✔ Ändern Sie den Text, der am Ende erscheint von *Game Over* in *Du hast verloren*. Welchen Text müssen Sie dafür ändern?
- ✔ Das Raumschiff befindet sich zu Beginn recht weit links im Spielfeld. Platzieren Sie das Raumschiff zu Beginn in der Mitte des Spielfelds. Welche Änderung müssen Sie dafür vornehmen?

Tag 17: Ihr erstes Mini-Projekt mit HTML

Diese Woche haben Sie gelernt, wie Sie Überschriften, Absätze, Bilder und Buttons einsetzen. Heute bringen wir alles zusammen und erstellen eine erste eigene kleine Webseite.

1. Erstellen Sie eine neue Datei und speichern Sie sie als `meine_erste_webseite.html`. (Keine Leerzeichen oder Umlaute im Dateinamen.)
2. Tippen Sie in VS Code ein Ausrufezeichen (`!`) und drücken Sie ⇥, um das Grundgerüst (Emmet) einzufügen.
3. Ändern Sie im <head> den Titel:
```
<title>Meine erste Webseite</title>
```
4. Fügen Sie im <body> eine Überschrift hinzu:
```
<h1>Willkommen auf meiner ersten Webseite!</h1>
```
5. Ergänzen Sie einen Absatz:
```
<p>Ich lerne gerade HTML und JavaScript. Das macht Spaß!</p>
```
6. Fügen Sie ein Bild ein (Datei liegt im selben Ordner):
```
<img src="bild.jpg" alt="Ein Bild, das mir gefällt">
```
7. Erstellen Sie einen Button, der eine Nachricht zeigt:
```
<button onclick="alert('Hallo!')">Sag Hallo</button>
```
8. Speichern (Strg+S) und öffnen Sie die Datei im Browser (Doppelklick oder Live Server).

Herzlichen Glückwunsch – Ihre erste eigene kleine Seite steht. Morgen folgt ein HTML-Quiz, danach geht es mit CSS weiter.

Erweitern Sie die Seite: Etwa mit weiteren Absätzen, einer Liste (`<ul><li>...</li></ul>`), einem zweiten Bild mit sinnvoller `alt`-Beschreibung oder einem Link (`<a href="https://...">Link</a>`).

Überlegen Sie, was Ihnen an Ihrer ersten Webseite gefällt und was Sie noch verbessern möchten. Beantworten Sie dazu die folgenden Fragen:

- ✔ Was gefällt Ihnen an Ihrer Seite am besten?
- ✔ Welche Gestaltung (Farben, Schriften) möchten Sie ergänzen?
- ✔ Welche Funktionen (zum Beispiel weitere Buttons) wären hier noch sinnvoll?

Tag 18: Quiz – wie gut kennen Sie HTML?

Frage 1: HTML ist eine …

1. vollwertige Programmiersprache
2. Auszeichnungssprache
3. Skriptsprache
4. Datenbanksprache

Frage 2: Was benötigt jedes HTML-Tag mindestens?

1. einen Wert
2. einen öffnenden und einen schließenden Tag
3. ein Attribut
4. einen Namen

Frage 3: Mit welchem Attribut geben Sie einem Element eine eindeutige Kennung?

1. key
2. class
3. id
4. ref

Frage 4: Welche Zeile ist richtig?

1. `<div game=id>`
2. `<div id=game>`
3. `<div id="game">`
4. `<div id game>`

Frage 5: Wo erscheinen Inhalte oder Effekte aus dem `<head>`-Bereich? (Mehrere Antworten möglich)

1. Im normalen Seiteninhalt
2. Im Browser-Tab/Fenstertitel (zum Beispiel `<title>`)
3. In der Konsole
4. Viele `<meta>`-Informationen aus dem Kopfbereich werden nicht direkt angezeigt.

IN DIESEM KAPITEL...

Was ist CSS?

Farben, Schriftarten, Textgestaltung

Das Box-Modell

Positionierung und Layout

CSS-Variablen

Kapitel 4
Vierte Woche: CSS

CSS (*Cascading Style Sheets*) beschreibt Aussehen und Layout von HTML-Seiten. Deren Struktur liefert HTML, ihr Verhalten später JavaScript.

Tag 19: Was ist CSS – und wofür braucht man es?

HTML beschreibt die Struktur einer Webseite, CSS (Cascading Style Sheets) gestaltet ihr Aussehen: Farben, Schriftarten, Abstände, Größen und Positionen.

Ein erstes Beispiel

Wir färben ein Element mit der ID `ship` rot und geben ihm das feste Maß eines Quadrats mit 20 × 20 Pixeln:

```
#ship {
  background: red;
  width: 20px;
  height: 20px;
}
```

Aufbau einer CSS-Regel

Hier sehen Sie den grundsätzlichen Aufbau einer CSS-Regel in Pseudocode:

```
selektor {
  eigenschaft: wert;
  weitere-eigenschaft: weiterer-wert;
  ...
}
```

Im Beispiel ist `#ship` der Selektor. Er stellt die Verbindung zum HTML-Element her. Die einzelnen Deklarationen stehen in geschweiften Klammern. Sie folgen immer dem Schema Eigenschaft, Doppelpunkt, Wert und abschließendes Semikolon. Leerzeichen und Zeilenumbrüche dienen nur der Lesbarkeit.

Selektoren

Mit Selektoren wählen wir Elemente aus dem HTML-Dokument aus, beispielsweise

- ✔ `#id` wählt genau ein Element mit dieser `id`, zum Beispiel `id="ship"`.
- ✔ `.klasse` wählt alle Elemente aus dieser `class`, zum Beispiel `class="game"`.
- ✔ `tagname` wählt alle Tags dieses Typs (zum Beispiel `p`, `div`).
- ✔ Kombinationen: `div.game` (ein `div` mit Klasse `game`).

CSS im style-Tag

Wo schreiben wir diese CSS-Anweisungen hin? Wir können Sie direkt im HTML-Dokument eintragen oder in einer gesonderten Datei, so wie es auch in den Übungsdateien umgesetzt ist.

```
...
<head>
  <meta charset="utf-8">
  <style>
    #ship {
      background: red;
      width: 20px;
      height: 20px;
    }
  </style>
</head>
...
```

Zwischen öffnendem und schließendem `style`-Tag können Sie CSS-Anweisungen schreiben. Wenn diese Anweisungen im `head`-Bereich des HTML-Dokuments stehen, werden sie vom Browser automatisch erkannt und angewendet.

CSS in externer Datei

Alternativ können Sie eine externe Datei einbinden. Das ist übersichtlicher und wiederverwendbar. In der HTML-Datei referenziert man mit `link rel href` auf eine externe Datei.

```
<!-- index.html -->
...
<head>
  <meta charset="utf-8">
  <link rel="stylesheet" href="style.css">
</head>

<div id="ship"></div>
...
```

Mit der Zeichenfolge `<!-- ... -->` können Sie einen Kommentar in ein HTML-Dokument einfügen. Dieser Text erscheint nirgendwo, kann Ihnen aber enorm helfen, später noch zu wissen, was sie früher einmal gewollt haben …

CSS-Dateien haben üblicherweise die Dateiendung css.

```
/* style.css */
#ship {
  background: steelblue;
  width: 40px;
  height: 40px;
}
```

Die Zeilenumbrüche dienen nur der Lesbarkeit und werden vom Browser ignoriert.

Inline-Style im HTML-Tag

Inline-Styles verschlechtern Übersicht und Wiederverwendbarkeit – sparsam einsetzen. Hier ein kleines abschreckendes Beispiel:

```
<div id="ship"
style="background:red; width:20px; height:20px;"></div>
```

Tag 20: Elemente gezielt gestalten – CSS-Selektoren verstehen

Selektoren identifizieren HTML-Elemente, damit wir ihnen mit CSS Aussehen (Farben, Abstände, Größe …) geben können. Ein Selektor kann ein Elementname, eine Klasse oder eine ID sein.

Wir betrachten das folgende vereinfachte HTML-Gerüst (Spielfeld, Raumschiff, Sterne, Spielstand):

```
<div id="game">
  <div id="ship" style="left:40px"></div>
  <div class="star"></div>
  <div class="star"></div>
  <div class="star"></div>
</div>
<div>
  Gefallene Sterne: <span id="score">0</span>
</div>
```

Um das Raumschiff rot zu färben:

```
#ship {
  background: red;
}
```

`color` färbt nur Text. Farbige Flächen erhalten Sie über `background` bzw. `background-color`.

Selektor-Typen (Grundlagen)

Die drei häufigsten Selektortypen sind, wie gesagt,

- Der **Element-Selektor** spricht alle Elemente eines Typs an (`div`, `p`, `button`).
- Der **Klassen-Selektor** beginnt mit Punkt (`.star`) – für mehrere gleichartige Elemente.
- Der **ID-Selektor** beginnt mit Raute (`#ship`) – für genau ein eindeutiges Element.

Element-Selektor

```
div {
  font-family: sans-serif;
}
```

Dies wirkt auf *alle* <div> – und ist deshalb oft zu grob für komplexe Gestaltungswünsche.

Klassen-Selektor

```
.star {
  background: yellow;
  width: 10px;
  height: 10px;
  border-radius: 50%;
}
```

Alle (drei) Sterne (alle Elemente mit class="star") werden gelb und rund.

Die Kombination div.star betrifft nur <div>-Elemente mit Klasse star); die Pseudoklasse div.star:first-child bezieht sich nur auf den ersten Treffer.

ID-Selektor

```
#ship {
  background: red;
  width: 20px;
  height: 20px;
  position: relative;
}
```

IDs dürfen nur einmal vorkommen. Wenn Sie mehrfach auftretende Elemente (zum Beispiel alle Sterne) stylen wollen, dürfen Sie keine IDs verwenden.

Typische Fehler

- **Falscher Selektor:** ship {} statt #ship {}
- **Klasse und ID verwechselt:** In HTML class="star", in CSS versehentlich #star
- **Fläche mit color färben:** color:red; statt korrekt background:red;
- **Nicht oder falsch geschlossene Tags:** <div class="star"><div> statt <div class="star"></div>

Häufige Style-Eigenschaften

- color – Textfarbe
- background-color – Hintergrundfarbe
- position – Positionierung (zum Beispiel relative, absolute)
- font-size, font-family – Schriftgröße/Schriftart
- width, height – Breite/Höhe

- ✔ `margin` – Außenabstand zum nächsten Element
- ✔ `padding` – Innenabstand vom Rand zum Inhalt
- ✔ `border`, `border-radius` – Rahmen/abgerundete Ecken

Das passende CSS für unser Spiel

Mit diesem CSS werden wir unser Weltraumspiel stylen:

```
#game {
  background: black;
  position: relative;
  width: 600px;
  height: 400px;
}

.star {
  position: absolute;
  border-radius: 50%;
  width: 10px;
  height: 10px;
  background: yellow;
}

#ship {
  position: absolute;
  bottom: 0;
  width: 20px;
  height: 20px;
  background: red;
}
```

Beachten Sie bitte: alle Sterne (`.star`) sind kleine gelbe Kreise (`border-radius:50%`). Das (eine) Schiff sitzt unten (`bottom:0`) im Spielfeld.

Übung

- ✔ Ändern Sie die Spielfeldgröße (Breite/Höhe) und die Schiffsbreite.
- ✔ Wählen Sie eine andere Farbe für die Sterne (`background: orange;`).
- ✔ Erstellen Sie eine Klasse `.green` und färben Sie mit ihr das Raumschiff grün.

Zum Nachdenken

Welche Elemente brauchen wirklich eine ID? Wo genügt eine Klasse? Entfernen Sie testweise eine Klasse – welche Darstellung verschwindet?

Tag 21: Elemente positionieren und skalieren

Heute geht es darum, Elemente in unserem Spiel zu positionieren und ihre Größe festzulegen. Dabei kommen die Eigenschaften `width`, `height` und `position` zum Einsatz, ferner die Offsets `top`, `right`, `bottom` und `left`.

Größe von Elementen

Breite/Höhe werden mit `width` und `height` gesetzt:

```
#starship {
  width: 100px;
  height: 100px;
}
```

Häufig genutzte Einheiten sind hier

- ✔ **px**: Feste Pixel – für unser Spiel ausreichend
- ✔ **%**: Relativ zur Breite des übergeordneten Elements
- ✔ **em**: Relativ zur Schriftgröße des Elements

Positionierungs-Modi

Mit `position` legen wir fest, wie ein Element positioniert wird. Mögliche Werte:

- ✔ **static** (Standard): Element folgt normalem Dokumentfluss; Offsets (`top` usw.) wirken nicht.
- ✔ **relative**: Alles bleibt im Fluss, kann mit Offsets leicht verschoben werden (Platz bleibt erhalten).
- ✔ **absolute**: Das Element aus dem normalen Fluss genommen; Offsets beziehen sich auf den nächsten *positionierten* Vorfahren (erstes Eltern-Element mit `position: static`).

Relative Positionierung

```
#starship {
  position: relative;
  top: 10px;     /* verschiebt das Element 10px nach unten */
  left: 20px;    /* verschiebt 20px nach rechts */
}
```

Offsets geben den Abstand zur jeweiligen Kante an. Der Koordinatenursprung (0,0) einer Seite liegt oben links; die y-Achse wächst nach unten.

Absolute Positionierung

Sie können ein Element fest im Spielfeld positionieren, und zwar unabhängig vom normalen Layoutfluss. Dazu benutzen Sie die Anweisung `position: absolute`.

```
#ship {
  position: absolute;
  bottom: 0;
  left: 40px;
  width: 40px;
  height: 40px;
  background: crimson;
}
#game {
  position: relative; /* Bezugsrahmen */
  width: 600px;
  height: 400px;
  background: #111;
  overflow: hidden;
}
```

Die Schreibweise `/* ... */` bezeichnet wiederum einen Kommentar.

In diesem Beispiel richtet sich übrigens `#ship` an `#game` aus, weil dieses die Eigenschaft `position: relative` besitzt.

Fehlt beim Container eine Angabe zur Positionierung (`relative`, `absolute`, `fixed` oder `sticky`), orientieren sich absolut positionierte Kindelemente am Seitenfenster (Viewport) – das ist meist unerwünscht, also Obacht!

Offsets verstehen

Offsets legen den Abstand einer Kante zum Bezugspunkt fest:

- ✔ `top: 20px`: Oberkante ist 20px unter der Referenz-Oberkante.
- ✔ `left: 50px`: Linke Kante ist 50px rechts von der linken Referenzkante.
- ✔ `bottom: 0`: Unterkante berührt die Referenz-Unterkante.
- ✔ `right: 10px`: Rechte Kante ist 10px links neben der rechten Referenzkante.

Für unser Spiel

… verwenden wir folgende Werte:

```
#game {
  position: relative;
  width: 600px;
  height: 400px;
}

.star {
  position: absolute;
  width: 10px;
  height: 10px;
}

#ship {
  position: absolute;
  bottom: 0;
  left: 40px;
  width: 20px;
  height: 20px;
}
```

Typische Fehler

Typische Fehler bei der Positionierung sind

- ✔ **Eltern nicht positioniert:** `#game` ohne `position: relative;` die Folge – das Kind springt an den Viewportrand.
- ✔ **Falsche Erwartung bei `relative`:** Offsets verschieben optisch, der reservierte Platz bleibt.
- ✔ **Vertauschte Begriffe:** `top` verschiebt nicht »nach oben«, sondern definiert den Abstand zur oberen Kante (kleinerer Wert = weiter oben).

Übung

1. Verteilen Sie drei Sterne auf dem Spielfeld: Setzen Sie dazu `left` und `top` manuell (zum Beispiel 120px/200px).
2. Vergrößern Sie das Schiff auf 30 × 30 px und runden Sie die Ecken ab (`border-radius: 6px`).

Zum Nachdenken

Was passiert, wenn Sie beim Schiff `position: relative` statt `absolute` setzen? Warum verschiebt sich dann der Layoutfluss?

Tag 22: Farben in CSS – Webseiten lebendiger gestalten

Sie können mit CSS viele Elemente auf einer Webseite gezielt einfärben: Hintergründe, Überschriften, Texte, Rahmen und vieles mehr. Dabei können Sie die jeweils gewünschten Farben auf verschiedene Arten angeben, zum Beispiel mit einem Farbcode oder einem Farbnamen.

Farben in CSS

Farben tragen viel zur Wirkung einer Webseite bei. Mit CSS können Sie Elemente in verschiedenen Farben einfärben. Dazu gibt es mehrere Möglichkeiten, Farben anzugeben. Die einfachste Möglichkeit ist, Farben mit ihrem Namen zu benennen, zum Beispiel `red` oder `blue`. Es gibt aber auch andere Wege, Farben anzugeben, zum Beispiel mit RGB-Werten.

Farben mit Namen

In CSS können Sie Farben mit ihrem Namen angeben. Es gibt 147 Farbnamen, die von allen Browsern unterstützt werden. Einige Beispiele sind `red`, `blue`, `green`, `yellow`, `black` und `white`. In diesem Beispiel färben Sie ein HTML-Raumschiff rot ein:

```
#starship{
   color: red;
}
```

Auf der Webseite des österreichischen *Bundesforschungszentrum für Wald* `https://bfw.ac.at/020/farbtabelle.html` finden Sie eine Übersicht über alle Farbnamen, die in CSS verwendet werden können. Da sag noch jemand, Bäume seien nur im Herbst schön bunt …

Was können Sie alles einfärben?

Mit CSS können Sie viele Elemente auf einer Webseite einfärben. Dazu gehören Hintergründe, Überschriften, Texte, Rahmen, Schatten, Links, Buttons und vieles mehr. Hier sind einige Beispiele, was Sie alles einfärben können:

- **Hintergründe:** Sie können den Hintergrund von Elementen mit der Eigenschaft `background-color` einfärben.
- **Texte:** Die Schriftfarbe von Texten können Sie mit der Eigenschaft `color` festlegen.
- **Rahmen:** Rahmen können mit der Eigenschaft `border-color` eingefärbt werden.

- **Schatten:** Schatten können mit der Eigenschaft `box-shadow` oder `text-shadow` eingefärbt werden.
- **Buttons:** Buttons können Sie mit den Eigenschaften `background-color` und `color` einfärben.

Stellen Sie sich vor, sie haben einen Start-Knopf, und möchten diesen mit schwarzer Schrift auf einem grünen Hintergrund darstellen. Wie gehen Sie vor?

Farben mit Farbcodes angeben

Eine weitere Möglichkeit, Farben in CSS anzugeben, sind Farbcodes. Farbcodes sind Zahlen, die den jeweiligen Anteil der Grundfarben Rot, Grün und Blau in einer Mischfarbe angeben. Es gibt verschiedene Arten von Farbcodes, zum Beispiel Hexadezimal und RGB.

Betrachten wir zunächst das RGB-Format: Bei der Farbe Rot beträgt beispielsweise der Rotanteil 100%, der Grünanteil 0% und der Blauanteil 0%. Weil aber die Werte nicht in Prozent angeben werden, sondern auf einer Skala von 0 bis 255, schreiben Sie das wie folgt:

```
#starship{
   color: rgb(255, 0, 0);
}
```

Gelb notieren Sie mit einer Kombination von 100% Rot und 100% Grün, aber null Blauanteil. Das schreiben Sie dementsprechend `rgb(255, 255, 0)`.

Hexadezimalwerte

Neben dem RGB-Format gibt es auch das Hexadezimalformat. Hexadezimalwerte bestehen aus sechs Zeichen, die aus den Zahlen 0–9 und den Buchstaben A–F bestehen (also den 16 Ziffern des Hexadezimalsystems). Die 0 entspricht dem Wert 0, die 1 dem Wert 1 ... die 9 dem Wert 9, A dem Wert 10, B dem Wert 11 bis hin zu F, das der 15 entspricht. Die 16 muss man dann mit zwei Zeichen darstellen: 10. Jedes Paar von Zeichen steht für einen der drei Farbkanäle Rot, Grün und Blau (und zwar in dieser Reihenfolge). Ein Hexadezimal-Farbwert sieht dann zum Beispiel so aus: `#ff0000`. Dieser Wert steht somit für die Farbe Rot. Hier ist ein Beispiel, wie Sie ein HTML-Element per Hexadezimalwert rot einfärben können:

```
#starship{
   color: #ff0000;
}
```

Die Hexadezimal-Darstellung wird häufig benutzt, weil sie sehr kompakt und (für Programmierfreaks) gut lesbar ist.

Die Reihenfolge der drei Grundfarben Rot, Grün und Blau ist bei Hexadezimal und RGB gleich, lediglich die Schreibweise ist unterschiedlich. Ein RGB-Wert wird in Klammern geschrieben und die einzelnen Farben durch Kommas getrennt. Außerdem reichen die

Werte von 0 bis 255. Bei Hexadezimal-Farbwerten reichen die Werte von 00 bis FF und sind immer zweistellig. Dafür entfällt das Komma zwischen den Werten.

Ihre IDE (Integrierte Entwicklungsumgebung) hilft Ihnen übrigens dabei, die richtigen Farben zu finden. Viele IDEs bieten eine Farbauswahl an, mit der Sie die gewünschte Farbe auswählen können, so wie in Abbildung 4.1 gezeigt.

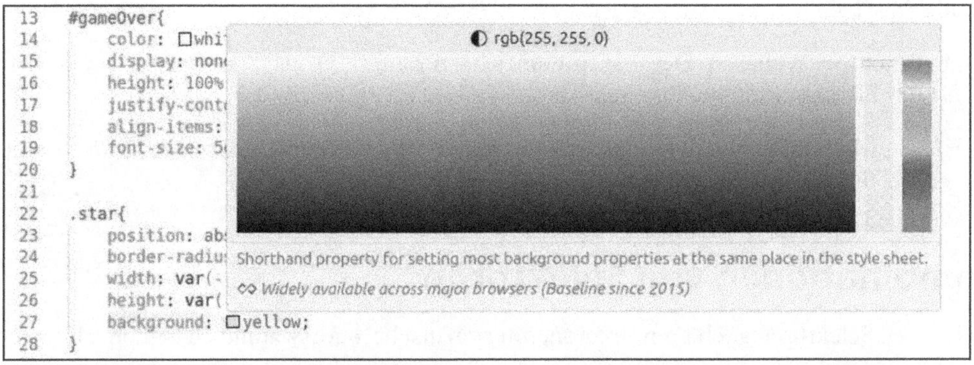

Abbildung 4.1: In VS Code können Sie Farben mit dem Farbwähler auswählen.

Für unser Spiel

Die Farben in unserem Spiel können Sie nach Belieben anpassen. Im Beispielcode zu diesem Buch verwende ich Farbnamen, die selbsterklärend sind.

Auf der Website `https://www.devtoolbox.co/tools/color-converter` können Sie ein und dieselbe Farbe in unterschiedlicher Schreibweise sehen und ausprobieren, was mit der Farbe passiert, wenn Sie die verschiedenen Farbwerte verstellen.

Tag 23: Selektoren für Fortgeschrittene

Bisher kennen wir schon drei Typen von Selektoren, um HTML-Elemente mit CSS auszuwählen und zu gestalten:

- **Element-Selektor:** Wählt alle Elemente eines bestimmten Typs aus, zum Beispiel `p` für alle Absätze.
- **ID-Selektor:** Wählt ein Element mit einer bestimmten ID aus, zum Beispiel `#starship` für das Element mit der ID `starship`.
- **Klassen-Selektor:** Wählt alle Elemente mit einer bestimmten Klasse aus, zum Beispiel `.enemy` für alle Elemente mit der Klasse `enemy`.

Kombinationen von Selektoren

Sie können Selektoren auch kombinieren, um spezifischere Auswahlen zu treffen. Hier sind einige Beispiele:

- **Element- und Klassen-Selektor:** Wählt alle Elemente eines bestimmten Typs mit einer bestimmten Klasse aus, zum Beispiel `p.enemy` für alle Absätze mit der Klasse `enemy`.
- **Element- und ID-Selektor:** Wählt ein Element eines bestimmten Typs mit einer bestimmten ID aus, zum Beispiel `div#container` für das `div`-Element mit der ID `container`.
- **Mehrere Klassen-Selektoren:** Wählt alle Elemente mit mehreren Klassen aus, zum Beispiel `.enemy.fast` für alle Elemente mit den Klassen `enemy` und `fast`.

Nachfahrenselektoren

Mit Nachfahrenselektoren können Sie Elemente auswählen, die sich innerhalb anderer Elemente befinden. Hier sind einige Beispiele:

- **Direkte Nachfahren:** Wählt alle direkten Nachfahren eines Elements aus, zum Beispiel `div > p` für alle `p`-Elemente, die direkte Kinder eines `div`-Elements sind.
- **Alle Nachfahren:** Wählt alle Nachfahren eines Elements aus, zum Beispiel `div p` für alle `p`-Elemente, die sich innerhalb eines `div`-Elements befinden, unabhängig von der Tiefe der »Verwandtschaftsbeziehung«.

Attributselektoren

Attributselektoren ermöglichen es Ihnen, Elemente basierend auf ihren Attributen auszuwählen. Hier sind einige Beispiele:

- ✔ **Vorhandenes Attribut:** Wählt alle Elemente aus, die ein bestimmtes Attribut besitzen, zum Beispiel `a[href]` für alle `a`-Elemente mit einem `href`-Attribut.
- ✔ **Attribut mit bestimmtem Wert:** Wählt alle Elemente aus, deren Attribut einen bestimmten Wert hat, so etwa `input[type="text"]` für alle `input`-Elemente mit dem Attribut `type` gleich `text`.

Pseudoklassen

Pseudoklassen ermöglichen es Ihnen, Elemente basierend auf ihrem Zustand oder ihrer Position auszuwählen. Auch hierfür ein paar Beispiele:

- ✔ **Hover-Zustand:** Wählt Elemente aus, wenn sie mit der Maus überfahren (»gehovert«) werden, zum Beispiel `a:hover` für alle `a`-Elemente im Hover-Zustand.
- ✔ **Erstes Kind:** Wählt das erste Kind eines Elements aus, zum Beispiel `li:first-child` für das erste `li`-Element innerhalb eines `ul`-Elements.

Die CSS-Datei styles.css

Die Datei `styles.css` bündelt den gesamten CSS-Apparat für unser Spiel. Einzelne Elemente werden darin beispielsweise so behandelt:

```
#game {
   background: black;
   position: relative;
   ...
}

.star{
   position: absolute;
   border-radius: 50%;
...
}
```

Jedes Element wird für sich gestaltet. So weit, so gut. Sie können die Selektoren aber auch verschachteln (*to nest* im Englischen). Zum Beispiel so:

```
#game .star{
   position: absolute;
   border-radius: 50%;
   ...
}
```

Damit werden nur Elemente mit der Klasse `.star` erfasst, die innerhalb des Elements mit der ID `game` liegen. In unserem Fall ist das zwar nicht notwendig, aber es zeigt, wie Sie Selektoren kombinieren können, um spezifischere Auswahlen zu treffen.

Exkurs: Hover

Unser Spiel wird ja mit der Tastatur gesteuert. Aber was, wenn Sie ein Element mit der Maus anklicken wollen? Zum Beispiel einen Start-Knopf? Dann können Sie die Pseudoklasse `:hover` verwenden, um das Aussehen des Elements zu definieren, während die Maus darüber fährt. Hier ist ein Beispiel, wie Sie einen Start-Knopf so gestalten können, dass man sieht, dass er gerade »berührt« wurde:

```
button{
   color: black;

   &:hover{
       color: red;
   }
}
```

In diesem Beispiel wird die Schriftfarbe des Buttons normalerweise schwarz sein. Wenn die Maus über den Button fährt, ändert sich die Schriftfarbe zu rot. Das `&` Zeichen steht für das übergeordnete Element, in diesem Fall den Button selbst. Weil `hover` eine Pseudoklasse ist, wird sie mit einem Doppelpunkt geschrieben.

Tag 24: Quiz – wie fit sind Sie in CSS?

Heute habe ich doppelt so viele Fragen wie bisher. Viel Erfolg und natürlich auch doppelt so viel Spaß beim Lösen!

Frage 1: Sie haben im HTML-Gerüst ein Spielfeld mit `<div id="game">` definiert. Womit legen Sie seine Hintergrundfarbe fest?

1. `#game { background-color: #000000; }`
2. `.game { color: black; }`
3. `game { background-color: #000000; }`
4. `game-color: black;`

Frage 2: Was können Sie mit CSS *nicht* steuern?

1. wie breit ein Element ist
2. die Position eines Elements
3. wie oft ein Element auf einer Seite vorkommt
4. ob ein Text rot oder grün erscheint

Frage 3: Was ist der Unterschied zwischen einer Klasse und einer ID in CSS?

1. Eine Klasse wird mit Punkt (`.`) und eine ID mit Raute (`#`) notiert.
2. Eine Klasse kann nur einmal vorkommen, eine ID beliebig oft.
3. Eine Klasse kann nur in HTML, eine ID nur in CSS verwendet werden.
4. Eine Klasse kann nur in CSS, eine ID nur in HTML verwendet werden.

Frage 4: Welche Zeile CSS-Code ändert die Schriftfarbe eines Elements auf Rot?

1. `color: red;`
2. `font-color: red;`
3. `background-color: #FF0000;`
4. `foreground-color: #FF0000;`

Frage 5: Welche Eigenschaft beeinflusst *nicht* den Außenabstand eines Elements?

1. `margin`
2. `padding`
3. `margin-top`
4. `margin-left`

Frage 6: Welche Angaben sind gültige Längeneinheiten? (Mehrere Antworten möglich)

1. `px`
2. `pixel`
3. `percent`
4. `%`

Frage 7: Was macht folgende Regel? `#game .star { background: yellow; }`

1. Sie färbt jedes Element mit Klasse `star` gelb, egal wo es steht.
2. Sie färbt nur `#game` gelb.
3. Sie färbt nur Elemente mit Klasse `star`, die innerhalb von `#game` stehen, gelb.
4. Sie färbt nur das erste Element mit Klasse `star` gelb.

Frage 8: Welche Regel hat die höchste Spezifität (alle korrekt formuliert)?

1. `.panel .item`
2. `#panel .item`
3. `div.panel .item`
4. `.panel.item`

Frage 9: Welche Aussage zu `display` stimmt?

1. `display: none;` entfernt das Element komplett aus dem Layoutfluss.
2. `display: hidden;` blendet ein Element aus.
3. `display: block;` sorgt dafür, dass das Element die volle verfügbare Breite einnimmt.
4. `display: inline;` erlaubt Breiten- und Höhenangaben.

Frage 10: Was bewirkt folgende Regel? `position: relative;`

1. Ein Element wird relativ zu seinem normalen Platz positioniert.
2. Ein Element wird relativ zum Browserfenster positioniert.
3. Ein Element wird relativ zu seinem Elternelement positioniert.
4. Ein Element wird an eine relative Position verschoben.

Die Antworten finden Sie am Ende des Buches.

Teil II
Zweiter Monat

IN DIESEM TEIL ...

Im zweiten Monat unseres kleinen Kurses steigen wir direkt in die Programmierung ein. Sie lernen, was Variablen sind, wie Sie wiederkehrende Aufgaben mit Schleifen erledigen können und wie Sie Ihr Programm auf vorgegebene Zustände reagieren lassen.

- ✔ Variablen
- ✔ Bedingter Code: If-Anweisungen
- ✔ Schleifen und wiederkehrender Code
- ✔ Code auslagern mit Funktionen

IN DIESEM KAPITEL

Ein Raumschiff steuern

Reaktionen auf Tastendruck

Einfache If-Abfragen

Kapitel 5
Fünfte Woche: Raumschiffe bewegen

In diesem Kapitel beziehungsweise dieser Woche bringen Sie Bewegung ins Spiel: Sie steuern unser Raumschiff mit der Tastatur, reagieren auf Benutzereingaben und organisieren Ihren Code mithilfe von wiederverwendbaren Funktionen.

Tag 25: Raumschiffsteuerung per Tastatur

Am heutigen Tag werden wir unser Raumschiff bewegen. Das geschieht über die Pfeiltasten: Wenn wir die linke Pfeiltaste drücken, soll sich das Raumschiff nach links bewegen. Wenn wir die rechte Pfeiltaste drücken, soll es sich nach rechts bewegen. Sehen wir uns zuerst den Code an, der das Raumschiff bewegt.

Den Code für die Raumschiffsteuerung finden Sie in der Datei zum heutigen Abschnitt `tag25/script.js`. Im heutigen Dateiordner sind die beiden Dateien `index.html` und `style.css` identisch mit den Dateien von gestern. Deshalb sind sie nur verlinkt. Ab heute arbeiten wir nur noch in der Javascript-Datei `script.js`, die sich täglich ändert.

```
ship = document.getElementById('ship')
let x = 0

window.onkeydown = function () {
    x = x + 10
    ship.style.left = x + 'px'
}
```

Listing 5.1: Raumschiff bewegen

Erkennen Sie, in welcher Zeile die Position des Raumschiffs verändert wird?

Genau – das passiert in der vorletzten Zeile. Dort wird die CSS-Eigenschaft für den Abstand von links (`left`) verändert. Der Wert wird in Pixel angegeben und kommt aus der Variablen `y`. In der Zeile davor wird die Variable `y` um 10 erhöht. Das bedeutet, dass sich das Raumschiff bei jedem Tastendruck um 10 Pixel nach rechts bewegt.

Gehen wir den Code Zeile für Zeile durch:

- ✔ In Zeile 1 wird das Raumschiff-Element aus dem HTML-Dokument geholt und in der Konstanten `ship` gespeichert.
- ✔ In Zeile 2 wird die Variable `y` mit dem Anfangswert 0 deklariert. Diese Variable speichert die horizontale Position des Raumschiffs.
- ✔ In Zeile 4 wird eine Funktion definiert, die immer dann ausgeführt wird, wenn eine Taste auf der Tastatur gedrückt wird. Das geschieht durch die Zuweisung der Funktion an `window.onkeydown`. Was Funktionen genau sind, werden wir in den nächsten Tagen lernen.
- ✔ In Zeile 5 wird die Variable `y` um 10 erhöht. So weit soll sich das Raumschiff bei jedem Tastendruck bewegen.
- ✔ In Zeile 6 wird die CSS-Eigenschaft `left` des Raumschiff-Elements auf den neuen Wert von `y` gesetzt. Dadurch sehen Sie das Raumschiff an seiner neuen Position auf dem Bildschirm.

Wahrscheinlich verstehen Sie noch nicht alles, was in diesem Code passiert. Das ist völlig in Ordnung. Wir werden in den nächsten Tagen und Wochen alle Konzepte und Techniken im Detail behandeln, die in diesem Code verwendet werden. Heute geht es nur darum, dass Sie den Code ausprobieren und ein Gefühl dafür bekommen, wie das Raumschiff bewegt wird.

Probieren Sie den Code aus. Öffnen Sie die Datei `index.html` in Ihrem Browser und drücken Sie eine Taste auf der Tastatur. Das Raumschiff sollte sich nach rechts bewegen.

Was müssen Sie ändern, damit sich das Raumschiff schneller bewegt?

Ändern Sie den Wert in Zeile 5 von 10 auf 20. Probieren Sie es aus. Das Raumschiff sollte sich jetzt bei jedem Tastendruck um 20 Pixel, also doppelt so weit nach rechts bewegen.

Was müssen Sie ändern, damit sich das Raumschiff nach links bewegt?

Ändern Sie die Zeile 5 so, dass die Variable `y` um 10 verringert wird. Das Raumschiff sollte sich jetzt bei jedem Tastendruck um 10 Pixel nach links bewegen. Wenn wir die Startposition 0 allerdings um 10 verringern, wird sie negativ (–10). Und in CSS bedeutet ein negativer Wert für `left`, dass das Element links außerhalb des sichtbaren Bereichs positioniert wird. Für unseren ersten Test der Linksbewegung sollten wir deshalb die Startposition des Raumschiffs auf 200 Pixel setzen. Ändern Sie dazu die Zeile 2 so, dass die Variable `y` den Anfangswert 200 hat. Dann sehen wir das Raumschiff auch, wenn es sich nach links bewegt. (Machen Sie diese Änderung dann aber bitte wieder rückgängig, in der weiteren Diskussion gehen wir von einem Raumfahrzeug mit Rechtsdrall aus.)

Warum springt das Raumschiff beim ersten Tastendruck nach links?

Wenn Sie die Seite *index.html* neu laden und dann das erste Mal auf eine Taste drücken, springt das Raumschiff zuerst nach links, auch wenn wir es so programmiert haben, dass es sich auf Knopfdruck nach rechts bewegt. Das liegt daran, dass die Variable `y` am Anfang den Wert 0 hat, das Raumschiff aber schon vor Beginn des Programmablaufs per CSS auf einen größeren Startwert gesetzt wurde (zum Beispiel 40 Pixel). Beim ersten Tastendruck wird dieser per CSS gesetzte Wert überschrieben und das Raumschiff wird auf die Position 0 gesetzt.

Um dieses Verhalten zu ändern, könnten wir die Variable `y` initial auf den aktuellen Wert der CSS-Eigenschaft `left` setzen. Dann würde das Raumschiff beim ersten Tastendruck nicht springen, sondern direkt an der gewünschten Position erscheinen. Entweder müssen wir an beiden Stellen im Quellcode den gleichen Wert (zum Beispiel 40 Pixel) setzen oder wir lesen den Wert aus dem CSS aus und speichern ihn in der Variablen `y`, statt ihr einen fixen Anfangswert zuzuweisen. Und genau das machen wir morgen.

Tag 26: Die Position des Raumschiffs im Code abrufen

Bisher kann sich unser Raumschiff nur nach rechts bewegen. Das liegt daran, dass wir die Variable `y`, die die horizontale Position des Raumschiffs speichert, immer nur um einen positiven Wert (zum Beispiel 10) erhöhen. Wenn wir die Variable `y` mit einem negativen Wert (zum Beispiel −10) verändern, das heißt verringern, bewegt sich das Raumschiff nach links. Aber das funktioniert nur, wenn die Variable `y` am Anfang einen ausreichend großen Wert hat (zum Beispiel 200). Ansonsten würde das Raumschiff sofort aus dem sichtbaren Bereich verschwinden.

Um die echte Position des Raumschiffs abzurufen, brauchen wir keine eigene Variable. Stattdessen können wir die eingebaute Variable aus CSS verwenden. Damit der Browser das Raumschiff an der richtigen Stelle anzeigt, greifen wir auf die CSS-Eigenschaft `left` des Raumschiff-Elements zu beziehungsweise lesen ihn aus.

In der Informatik unterscheidet man zwischen **Schreiben** und **Lesen**. Schreiben bedeutet, dass Sie Daten verändern dürfen. Lesen bedeutet, dass Sie Daten nur anschauen, aber nicht verändern dürfen. In JavaScript können Sie zum Beispiel den Wert einer Variablen schreiben und lesen, wenn Sie die Variable mit `let` oder `var` deklariert haben. Wenn Sie eine Variable mit `const` deklariert haben, können Sie den Wert nur lesen, aber nicht mehr verändern. `const` steht dabei für »konstant«, also unveränderlich.

Sehen wir uns den Code an, mit dem wir an die tatsächliche Position des Raumschiffs kommen:

```
const ship = document.getElementById('ship')

console.log(ship.style.left)
```

Listing 5.2: Die Position auslesen

Um die Postion des Raumschiffs zu sehen, müssen Sie in die Entwickler-Konsole Ihres Browsers schauen. Öffnen Sie dazu die Datei `index.html` in Ihrem Browser und öffnen Sie die Entwickler-Konsole (meistens mit der Taste `F12`). Wenn Sie dort den Code aus Listing 5.2 eingeben, sollten Sie den Wert der CSS-Eigenschaft `left` des Raumschiff-Elements sehen. Der Wert ist ein String, der zum Beispiel `40px` sein kann.

Bestimmt haben Sie bemerkt, dass wir `ship` zwar als Konstante deklariert haben, aber trotzdem den Wert der Eigenschaft `left` auslesen können. Das liegt daran, dass wir mit `const ship = ...` nur die Variable `ship` als konstant deklariert haben. Der Wert der Variablen ist eine Referenz auf ein Objekt (das Raumschiff-Element). Diese Referenz ist konstant und kann nicht verändert werden. Aber das Objekt selbst (das Raumschiff-Element) kann sehr wohl verändert werden. Deshalb können wir die Eigenschaft `left` des Raumschiff-Elements auslesen und auch verändern.

Um mit diesem Wert rechnen zu können, müssen wir die angehängte Einheit px entfernen, sodass wir nur noch die reine Zahl haben. Das machen wir mit der Funktion `replace(...)`, die wir an den ausgelesenen Wert anhängen.

```
const ship = document.getElementById('ship')

console.log(ship.style.left.replace('px', ''))
```

Listing 5.3: Position auslesen und »px« mithilfe von replace(...) entfernen

Jetzt sehen wir zwar eine »40«, aber das ist immer noch eine Zeichenkette. Die sieht zwar aus wie eine Zahl, ist aber keine. Um damit rechnen zu können, müssen wir die Zeichenkette also noch explizit in eine Zahl umwandeln.

In vielen Programmiersprachen unterscheidet man zwischen Zeichenketten und Zahlen. Zeichenketten sind Texte, die aus Buchstaben, Ziffern und Sonderzeichen bestehen können. Zahlen sind Werte, mit denen man rechnen kann. 40 ist eine Zahl, die man zum Beispiel verdoppeln kann. »40« ist hingegen eine Zeichenkette aus den zwei Ziffern 4 und 0, wenn es in Anführungszeichen steht und beispielsweise eine Hausnummer darstellt. Mit Hausnummern rechnet man nicht und sie können auch Buchstaben enthalten, wie zum Beispiel »40a«.

Um einen String in eine Zahl umzuwandeln, können wir die Funktion `parseInt(...)` verwenden. Diese Funktion wandelt den übergebenen String in eine Zahl um. Sehen wir uns den kompletten Code an, der die echte Position des Raumschiffs abruft und anschließend verändert:

```
const ship = document.getElementById('ship')
window.onkeydown = function () {
   let y = parseInt(ship.style.left.replace('px', ''))
   y = y + 10
   ship.style.left = y + 'px'
}
```

Listing 5.4: Echte Position des Raumschiffs nutzen

In diesem Code-Schnipsel erkennen Sie, dass wir die Variable y nicht mehr am Anfang deklarieren. Stattdessen wird sie in der Funktion, die bei einem Tastendruck ausgeführt wird, deklariert. Der Startwert der Variablen y wird aus der CSS-Eigenschaft `left` des Raumschiff-Elements gelesen. Dazu wird zuerst der Wert von `ship.style.left` ausgelesen. Dieser Wert ist ein String, der zum Beispiel »40px« sein kann. Da wir zum Rechnen eine Zahl brauchen, wird direkt anschließend mit `replace('px', ")` der Text »px« entfernt. Danach wandelt `parseInt(...)` den String in eine Zahl um. Diese Zahl wird dann in der Variablen y gespeichert. Zum Schluss erhält die Schiffsposition ihren neu berechneten Wert, jetzt wieder mit dem Zusatz »px«.

Tag 27: Links und rechts im Code unterscheiden

Am heutigen Tag wollen wir das Raumschiff nicht nur nach rechts, sondern nach Belieben nach links oder rechts bewegen können. Dazu muss unser Programm zunächst erkennen, welche Taste gedrückt wurde. Bisher haben wir auf jede gedrückte Taste immer gleich reagiert – daran müssen wir jetzt arbeiten!

Zunächst einmal schauen wir uns in der Konsole an, welche Informationen wir bekommen, wenn eine Taste gedrückt wird. Dazu nutzen wir folgenden Code:

```
window.onkeydown = function (event) {
   console.log(event)
}
```

Listing 5.5: Tasteninformationen in der Konsole anzeigen

Sie können diesen Code auch direkt in die Entwickler-Konsole Ihres Browsers eingeben und auf ↵ drücken. Wenn Sie danach in das Browserfenster mit der Maus klicken und anschließen eine beliebige Taste drücken, sehen Sie in der Konsole viele Informationen über die gedrückte Taste.

```
KeyboardEvent{
    isTrusted: true
    key: 'A'
    code: 'KeyA'
    keyCode: 65
    location: 0
    ctrlKey: false
}
```

Listing 5.6: Informationen über die gedrückte Taste

Wir sehen hier eine ganze Menge Informationen darüber, welche Taste gedrückt wurde. Besonders interessant sind die Eigenschaften `key` und `keyCode`. Die Eigenschaft `key` enthält den Buchstaben der gedrückten Taste. Die Eigenschaft `keyCode` enthält eine Zahl, die der gedrückten Taste zugeordnet ist. Für die Taste »A« ist das zum Beispiel die Zahl 65. Das ist ihre Nummer im sogenannten ASCII-Code.

Der ASCII-Code (American Standard Code for Information Interchange) ist ein System, der Buchstaben, Ziffern und Sonderzeichen jeweils eine Zahl zuordnet. Zum Beispiel hat der Buchstabe »A« den ASCII-Code 65, der Buchstabe »B« den ASCII-Code 66 und so weiter. Der ASCII-Code wurde in den 1960er Jahren entwickelt und ist heute noch in vielen Bereichen der Informatik im Einsatz.

Um zu erkennen, ob die linke oder rechte Pfeiltaste gedrückt wurde, können wir die Eigenschaften `key` oder `keyCode` abfragen. Die linke Pfeiltaste hat den Wert »ArrowLeft« und den Keycode 37. Die rechte Pfeiltaste hat den Wert »ArrowRight« und den Keycode 39. Wir können also in der Funktion, die bei einem Tastendruck ausgeführt wird, abfragen, ob die linke oder rechte Pfeiltaste gedrückt wurde. Je nachdem, welche Taste gedrückt wurde, bewegen wir das Raumschiff nach links oder rechts.

```
const ship = document.getElementById(’ship’)
window.onkeydown = function (event) {
    let y = parseInt(ship.style.left.replace(’px’, ’’))
    if (event.key === ’ArrowRight’) {
        y = y + 10
    }
    if (event.key === ’ArrowLeft’) {
        y = y - 10
    }
    ship.style.left = y + ’px’
}
```

Listing 5.7: Links und rechts unterscheiden

Hier sehen Sie den Code noch einmal im Zusammenspiel. In der Zeile beginnend mit *window.onkeydown* wird die Funktion, die bei einem Tastendruck ausgeführt wird, so angepasst, dass sie ein Argument `event` bekommt. Dieses Argument enthält die Informationen über die gedrückte Taste.

Kurz darunter wird mit einer `if`-Anweisung überprüft, ob die rechte Pfeiltaste gedrückt wurde. Wenn das der Fall ist, wird die Variable y um 10 erhöht (Zeile 7). Bitte beachten Sie, dass hier gleich drei Gleichheitszeichen (===) stehen. Das bedeutet, dass der Wert und der Typ verglichen werden. Die genauen Hintergründe dazu werden wir später lernen.

Etwas eleganter wird der Code, wenn wir ihn wie folgt ändern:

```
const ship = document.getElementById(’ship’)
window.onkeydown = function (event) {
    let y = parseInt(ship.style.left.replace(’px’, ’’))
    let delta = 0
    if (event.key === ’ArrowRight’) {
        delta = 10
    } else if (event.key === 'ArrowLeft') {
        delta = -10
    }
    y = y + delta
    ship.style.left = y + ’px’
}
```

Listing 5.8: Links und rechts unterscheiden (eleganter)

Es führen immer mehrere Wege nach Rom. Software-Entwicklung ist ein kontinuierlicher Prozess, bei dem im besten Fall bei jeder Überarbeitung der Code ein wenig besser wird. Diesen Prozess nennt man **Refactoring**. Es gibt viele Möglichkeiten, den Code zu verbessern. Zum Beispiel könnten Sie die Abfrage der gedrückten Taste auch mit einer `switch`-Anweisung machen. Oder Sie könnten die Zahl 10 für die Schrittweite in eine Variable auslagern, damit Sie sie später leichter ändern können. Wichtig ist, dass der Code funktioniert und für Sie verständlich ist.

Tag 28: Den Code in eine Funktion auslagern

Bevor ich Ihnen lange erkläre, was eine Funktion ist, zeige ich Ihnen ein Beispiel:

```
const ship = document.getElementById(’ship’)

window.onkeydown = function (event) {
  if (event.key === ’ArrowLeft’) {
    moveSpaceShip(-10)
  }
  if (event.key === ’ArrowRight’) {
    moveSpaceShip(10)
  }
}

function moveSpaceShip (delta) {
  const y = parseInt(ship.style.left.replace(’px’, ’’))
  ship.style.left = y + delta + ’px’
}
```

Listing 5.9: Den Code in eine Funktion auslagern

Haben Sie gesehen, dass ich den Code, der das Raumschiff bewegt, in eine Funktion namens `moveSpaceShip` ausgelagert habe? Diese Funktion nimmt einen Parameter namens `distance` entgegen, der angibt, um wie viele Pixel das Raumschiff bewegt werden soll. So ist der Code übersichtlicher und leichter zu verstehen. Er liest sich im oberen Bereich fasst wie eine Anleitung in Pseudocode: *moveSpaceShip(-10)* ist fast schon selbsterkärend.

Das eigentliche Bewegen des Raumschiffs passiert jetzt in der Funktion `moveSpaceShip`. Diese Funktion wird immer dann aufgerufen, wenn eine der Pfeiltasten gedrückt wird. Der Wert, der an die Funktion übergeben wird, ist entweder `-10` oder `10`, je nachdem ob die linke oder rechte Pfeiltaste gedrückt wurde.

Funktionen sind ein sehr mächtiges Werkzeug der Programmierung. Sie helfen dabei, den Code zu strukturieren und wiederverwendbar zu machen. Eine Funktion besteht aus dem Namen der Funktion, einer Liste von Parametern in Klammern und einem Block von Code, der ausgeführt wird, wenn die Funktion aufgerufen wird. Außerdem kann eine Funktion einen Wert zurückgeben, der das Ergebnis der Berechnung oder Verarbeitung darstellt.

Stellen Sie sich vor, Sie müssten den Code zum Bewegen des Raumschiffs an mehreren Stellen in Ihrem Programm verwenden. Ohne Funktionen müssten Sie den gleichen Code immer wieder kopieren und einfügen, was zu Fehlern und Inkonsistenzen führen kann. Mit Funktionen schreiben Sie den Code einmal und rufen ihn dann einfach überall dort auf, wo Sie ihn benötigen.

Aufgabe: Sie möchten, dass sich das Raumschiff etwas schneller bewegt, wenn die Pfeiltasten gedrückt werden. Was ändern Sie?

Lösung: Auch hier führen wieder mehrere Wege zum Ziel. Sie könnten einfach die Werte *10* und *-10* beim Aufruf der Funktion ändern in *20* und *-20*. Aber Sie könnten das Ganze auch anders angehen, wie im folgenden Listing gezeigt:

```
const ship = document.getElementById('ship')
window.onkeydown = function (event) {
  if (event.key === 'ArrowLeft') {
    moveSpaceShip(-1)
  }
  if (event.key === 'ArrowRight') {
    moveSpaceShip(1)
  }
}
function moveSpaceShip (direction) {
  const distance = direction * 20
  const y = parseInt(ship.style.left.replace('px', ''))
  ship.style.left = y + distance + 'px'
}
```

Listing 5.10: Die Geschwindigkeit des Raumschiffs anpassen

In diesem Beispiel habe ich die Funktion `moveSpaceShip` so angepasst, dass sie einen Parameter namens `direction` entgegennimmt. Dieser Parameter gibt an, in welche Richtung das Raumschiff bewegt werden soll: `-1` für links und `1` für rechts. Innerhalb der Funktion wird dann die tatsächliche Distanz, und damit die Geschwindigkeit, berechnet, indem `direction` mit `20` multipliziert wird. Dadurch bewegt sich das Raumschiff jetzt um 20 Pixel pro Tastendruck.

Aufgabe: Sie möchten, dass das Raumschiff sich nur innerhalb des sichtbaren Bereichs des Bildschirms bewegt und nicht darüber hinaus. Wie würden Sie das erreichen?

Lösung: Die Lösung dazu schauen wir uns morgen an.

Tag 29: Wie Sie das Raumschiff im Rahmen halten

Wenn Sie mit den Cursor-Tasten das Raumschiff zu weit an den Rand des Bildschirms bewegen, verschwindet es aus dem sichtbaren Bereich. In diesem Abschnitt lernen Sie, wie Sie die Laufweite des Raumschiffs begrenzen können, sodass es nicht mehr über den Bildschirmrand hinausfliegen kann.

Dazu arbeiten wir ausschließlich in der Funktion `moveSpaceShip()`. Die Grundidee ist, dass wir die Position des Raumschiffs nur dann verändern, wenn es sich noch innerhalb der erlaubten Grenzen befindet. Diese Grenzen sind links der Wert `0` und rechts die Spielfeldbreite. Da könnten wir leicht einen festen Wert eintragen, aber es ist besser und professioneller, wenn wir auch die Breite des Spielfelds dynamisch abfragen. So funktioniert das auch dann noch, wenn sich die Größe des Spielfelds ändert.

Zunächst einmal lassen wir uns die Position des Raumschiffs ausgeben, damit wir sehen, wie sich diese verändert, wenn wir die Cursor-Tasten drücken. Fügen Sie dazu in der Funktion `moveSpaceShip()` ein `console.log()` ein:

```
function moveSpaceShip (distance) {
  const y = parseInt(ship.style.left.replace('px', ''))
  console.log(y)
  ship.style.left = y + distance + 'px'
}
```

Mit `console.log(y)` wird die aktuelle Position des Raumschiffs in der Konsole ausgegeben. Öffnen Sie die Entwicklerwerkzeuge Ihres Browsers und wechseln Sie zum Reiter *Konsole*. Wenn Sie jetzt die Cursor-Tasten drücken, sollten Sie sehen, wie sich der Zahlenwert von *y* ändert.

Um die Bewegung des Raumschiffs zu begrenzen, fügen wir nun eine Überprüfung hinzu, bevor wir die Position aktualisieren. Ändern Sie die Funktion `moveSpaceShip()` wie folgt:

```
function moveSpaceShip (distance) {
    const y = parseInt(ship.style.left.replace('px', ''))
    console.log(y)
    if(y <= 0 ) return;
    ship.style.left = y + distance + 'px'
}
```

Listing 5.11: Die Laufweite des Raumschiffs begrenzen

In diesem Beispiel habe ich eine Bedingung hinzugefügt, die überprüft, ob die aktuelle Position des Raumschiffs `0` oder kleiner ist. Wenn dies der Fall ist, wird die Funktion mit `return;` sofort beendet, ohne die Position des Raumschiffs zu aktualisieren. Dadurch kann das Raumschiff nicht weiter nach links bewegt werden, wenn es bereits am linken Rand des Bildschirms steckt.

Eine Funktion führt den gesamten Code innerhalb der geschweiften Klammern aus, es sei denn, sie trifft auf ein `return`. Das `return` beendet die Funktion sofort und der nachfolgende Code wird nicht mehr ausgeführt.

Wenn Sie genau darauf achten, werden Sie feststellen, dass das Raumschiff jetzt nicht mehr über den linken Rand hinausfliegen kann. Allerdings gibt es jetzt ein anderes Problem: Wenn das Raumschiff genau auf der Position `0` ist und Sie die linke Pfeiltaste drücken, bleibt es an Ort und Stelle stehen. Das liegt daran, dass die Funktion abbricht, wenn die Position `0` erreicht ist, egal, wie es weiter gehen soll. Wir müssen also unseren Code noch weiter anpassen.

```
const x = parseInt(ship.style.left.replace('px', ''))
let new_x = x + distance

if(new_x < 0 ) return
ship.style.left = new_x + 'px'
```

Ich habe nun eine neue Variable `new_x` eingeführt, die die zukünftige Position des Raumschiffs berechnet. Dann überprüfe ich, ob `new_x` kleiner als `0` ist. Wenn ja, wird die Funktion abgebrochen. Andernfalls wird die Position des Raumschiffs auf `new_x` gesetzt.

Jetzt fehlt als Letztes noch die Begrenzung auf der rechten Seite. Dazu müssen wir die Breite des Spielfelds herausfinden. Das Spielfeld hat die ID `game`, damit können wir seine Breite wie folgt abfragen:

```
const gameWidth = document.getElementById('game').clientWidth
```

Das bauen wir nun in unsere Funktion ein:

```
function moveSpaceShip (distance) {
    const y = parseInt(ship.style.left.replace('px', ''))
    let new_x = y + distance

    if(new_x < -10 ) return
    if(new_x > document.getElementById('game')              ↩
                            .clientWidth - 20 ) return
    ship.style.left = new_x + 'px'
}
```

In diesem Listing, das Sie so auch in den Übungsdateien finden, habe ich noch zwei Anpassungen vorgenommen: Auf der linken Seite prüfe ich auf `-10`, weil das Raumschiff ja 10 Pixel breit ist. Auf der rechten Seite ziehe ich von der Breite des Spielfelds `20` ab, weil das Raumschiff 10 Pixel breit ist und die Position des Raumschiffs immer seine linke Kante angibt.

Statt mit einem `return` die Funktion zu beenden, könnten Sie auch die Position des Raumschiffs direkt auf den Grenzwert setzen. Zum Beispiel so: `if(new_x < 0 ) new_x = 0`. Das Ergebnis ist das gleiche, aber der Code ist etwas anders strukturiert. Ohne das `return` wird die Funktion immer bis zum Ende ausgeführt, und wenn die neue Position auf das alte `y` gesetzt wird, ändert sich ja ebenfalls nichts. Welche Variante Sie bevorzugen, ist Geschmackssache.

Tag 30: Quiz – Raumschiffsteuerung und Funktionen

Frage 1: Was ist eine Funktion in JavaScript?

1. Ein spezieller Datentyp für Zahlen.
2. Ein Werkzeug zum Debuggen von Code.
3. Ein wiederverwendbarer Block von Code, der eine bestimmte Aufgabe ausführt.
4. Ein Befehl zum Anzeigen von Text auf dem Bildschirm.

Frage 2: Was bewirkt ein `return` in einer Funktion (mehrere Antworten möglich)?

1. Es gibt einen Fehler aus und stoppt die Ausführung.
2. Es setzt eine Variable auf `null`.
3. Es führt den nachfolgenden Code nicht mehr aus.
4. Es beendet die Funktion und gibt einen Wert zurück.

Frage 3: Warum ist es besser, die Breite des Spielfelds dynamisch abzufragen, anstatt einen festen Wert zu verwenden?

1. Damit die Performance verbessert wird.
2. Damit der Code auch bei Änderungen der Spielfeldgröße funktioniert.
3. Damit der Code einfacher zu lesen ist.
4. Damit weniger Code geschrieben werden muss.

Frage 4: Warum müssen wir die Einheiten ('px') von der Position des Raumschiffs entfernen, bevor wir sie in einer Berechnung verwenden können?

1. Weil JavaScript sonst einen Fehler ausgibt.
2. Weil die Position sonst nicht korrekt berechnet werden kann.
3. Die Variable wird durch die Einheit zerstört.
4. Damit der Code schöner zu lesen ist.

Frage 5: Was ist der ASCII-Code?

1. Ein Code, der jedem Zeichen eine Zahl zuordnet.
2. Ein Code, der nur für Buchstaben verwendet wird.
3. Ein Code, der die Farbe von Text ändert.
4. Ein Code, der die Größe von Text ändert.

IN DIESEM KAPITEL

Sterne erzeugen

Zufallszahlen generieren

Zahlen runden

Einfache Schleifen

Kapitel 6
Sechste Woche: Sterne Erzeugen

In diesem Kapitel lernen Sie, mit JavaScript dynamisch neue Elemente zu erzeugen. Sie lassen auf dem Spielfeld Sterne entstehen und bereiten Ihr Spiel auf animierte Bewegungen vor.

Tag 31: Der erste Stern

In unserem Spiel haben wir bisher nur ein Raumschiff, das sich unten am Bildschirm nach rechts und links bewegen kann. Jetzt wollen wir Sterne hinzufügen, denen das Raumschiff später wird ausweichen müssen.

Von diesen Sternen wird es eine ganze Menge geben und sie sollen zufällig über den Bildschirm verteilt erscheinen. Deshalb ergibt es keinen Sinn, die Sterne direkt im HTML-Code zu definieren. Das wäre zu aufwändig. Stattdessen werden wir die Sterne mit JavaScript erzeugen.

Dazu gibt es in JavaScript die Funktion `document.createElement()`. Diese Funktion erzeugt ein neues HTML-Element, das wir anschließend anpassen können. Fügen Sie am Ende Ihrer Datei `script.js` die folgende Funktion hinzu:

```
const star = document.createElement("div");
star.classList.add("star");
document.body.appendChild(star);
```

Was macht dieser Code? Zunächst einmal wird mit `document.createElement("div")` ein neues <div>-Element erzeugt. Dieses Element existiert jetzt im Speicher, aber noch nicht im sichtbaren Bereich der Webseite.

Mit `star.classList.add('star')` fügen wir dem neuen Element die CSS-Klasse `star` hinzu. Diese Klasse haben wir bereits in der Datei `styles.css` definiert, um das Aussehen der Sterne zu bestimmen.

Schließlich fügen wir das neue Element mit `document.body.appendChild(star)` zum Ende des <body>-Elements der Webseite hinzu. Dadurch wird der Stern im sichtbaren Bereich der Webseite angezeigt.

In den Entwicklerwerkzeugen Ihres Browsers können Sie im Reiter *Elemente* sehen, dass ein neues <div> mit der Klasse `star` hinzugefügt wurde. Es sieht so aus: <div class="star"></div>.

Sie können im Browser den Stern mit der rechten Maustaste anklicken und UNTERSUCHEN wählen, um die Entwicklerwerkzeuge zu öffnen. Dort können Sie das Aussehen des Sternes anpassen, indem Sie die CSS-Eigenschaften im Reiter *Styles* ändern. Zum Beispiel können Sie die Größe des Sternes ändern, indem Sie die Werte für `width` und `height` anpassen. Oder Sie können die Farbe ändern, indem Sie den Wert für `background-color` ändern.

Wenn Sie bei der Farbe nicht auf den Farbnamen klicken, sondern auf das farbige Quadrat daneben, öffnet sich ein Farbwähler, mit dem Sie eine beliebige Farbe auswählen können, so wie in Abbildung 6.1 gezeigt.

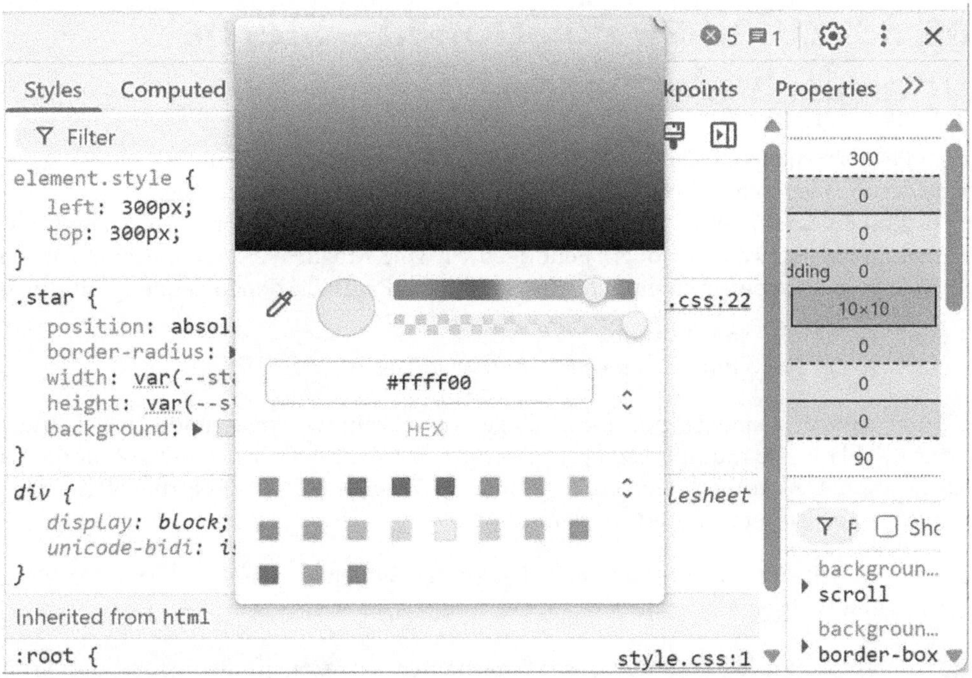

Abbildung 6.1: In den Entwicklerwerkzeugen können Sie die passende Farbe bequem mit einem Farbregler auswählen.

Experimentieren Sie ein wenig mit den Farbwerten, bis Ihnen das Aussehen des Sternes gefällt. Wenn Sie die Seite im Browser neu laden, werden Ihre Änderungen allerdings wieder zurückgesetzt, da sie nur in den Entwicklerwerkzeugen vorgenommen wurden. Um die Änderungen dauerhaft zu machen, müssen Sie die Datei `styles.css` anpassen. Öffnen Sie diese Datei in Ihrem Texteditor und suchen Sie die Klasse `.star`. Passen Sie die entsprechenden Werte dort an, um das Aussehen des Sterne dauerhaft zu verändern.

Tag 32: Zufällige Positionen – Sterne dynamisch platzieren

Damit die Sterne nicht immer an der gleichen Stelle erscheinen, wollen wir sie zufällig über den Bildschirm verteilen. Dazu müssen wir die Position des Sterne festlegen. Wir können die Position eines Elements mit den CSS-Eigenschaften `top` und `left` bestimmen. Da wir die Position zufällig wählen wollen, benötigen wir eine Möglichkeit, die uns eine zufällige Zahl innerhalb eines bestimmten Bereichs zurückgibt. Fügen Sie den folgenden Code hinzu:

```
star.style.top = Math.random() * 400 + "px";
star.style.left = Math.random() * 600 + "px";
```

Die Funktion `Math.random()` gibt eine zufällige Kommazahl zwischen `0` und `1` zurück. Indem wir diese Zahl mit `400` multiplizieren, erhalten wir eine Zahl zwischen `0` und `400` für die vertikale Position. Diesen Werten fügen wir dann noch die Einheit `'px'` als String hinzu, damit sie von CSS korrekt interpretiert werden.

Wenn Sie die Seite im Browser nun neu laden, sollten Sie sehen, dass der Stern jedes Mal an einer anderen Position erscheint.

JavaScript hat eine Reihe von eingebauten Funktionen, die uns bei der Arbeit helfen. Eine dieser Funktionen ist `Math.random()`, sie gibt eine zufällige Zahl zwischen `0` und `1` zurück. Indem wir diese Zahl mit einer anderen Zahl multiplizieren, können wir den Zufallsbereich anpassen. Wollen Sie beispielsweise eine Zahl zwischen `1` und `6` für einen Würfelwurf, können Sie den Ausdruck `Math.random() * 6 + 0.5` verwenden. Das Ergebnis wird eine Zahl zwischen `0.5` und `6.5` sein, was nach Rundung einem klassischen fairen Würfelwurf entspricht.

Damit der Code etwas übersichtlicher wird, können wir Breite und Höhe des Spielfelds als Variablen speichern:

```
const fieldWidth = document.getElementById('game').clientWidth;
const fieldHeight = document.getElementById('game').clientHeight;
star.style.top = Math.random() * fieldHeight + "px";
star.style.left = Math.random() * fieldWidth + "px";
```

So können wir die Größe des Spielfelds später leichter anpassen, ohne den Code an mehreren Stellen ändern zu müssen.

Tag 33: Mehrere Sterne gleichzeitig erzeugen

Ein zufällig durchs All hüpfender Stern ist zwar schon mal ein Anfang, aber so richtig spannend wird es erst, wenn es viele Sterne gibt, denen das Raumschiff ausweichen muss. In diesem Abschnitt lernen Sie, wie Sie mehrere Sterne erzeugen können, ohne den Code ständig zu wiederholen.

Dazu verwenden wir eine Schleife. Eine Schleife ist ein Codeblock, der mehrfach ausgeführt wird. Schauen wir uns dazu ein Beispiel an:

```
for(let i = 0; i < 5; i = i + 1) {
    console.log("Stern" + i)
}
```

Die Schleife beginnt mit dem Schlüsselwort `for`, gefolgt von drei Anweisungen in Klammern:

1. Startwert (Initialisierung)
2. Bedingung, wie lange die Schleife laufen soll
3. Erhöhung der Laufvariablen vor dem nächsten Durchgang (Inkrement)

Die erste Anweisung `let i = 0` initialisiert eine Variable `i` mit dem Wert `0`. Diese sogenannte Laufvariable wird als Zähler verwendet, um zu verfolgen, wie oft die Schleife ausgeführt wurde.

Die zweite Anweisung `i < 5` ist die Bedingung, die überprüft wird, bevor die nächste Iteration der Schleife ausgeführt wird. Solange diese Bedingung stimmt, also logisch wahr ist, wird der Code innerhalb der geschweiften Klammern ausgeführt.

Die dritte Anweisung `i = i + 1` erhöht den Wert von `i` um das Inkrement `1` nach jedem Durchlauf. Nach fünf Durchläufen wird die Bedingung `i < 5` falsch und die Schleife endet.

Wir wollen diesen Mechanismus nutzen, um mehrere Sterne zu erzeugen. Dazu bauen wir um die Zeile, in der wir einen Sterne erzeugen, eine Schleife:

```
for(let i = 0; i < 10; i = i + 1) {
    const star = document.createElement('div')
    star.className = 'star'
    ...
}
```

In diesem Beispiel wird die Schleife zehnmal durchlaufen, und jedes Mal wird ein neuer Stern erzeugt und zufällig positioniert.

Das funktioniert schon ganz gut, aber es lohnt sich, den Code noch etwas zu verbessern und ihn leichter lesbar zu machen. Dazu können wir die die Erzeugung eines Sternes in eine eigene Funktion auslagern:

```
for(let i = 0; i < 10; i = i + 1) {
    createStar()
}
function createStar () {
    const x = Math.random() * 600
    const y = Math.random() * 200
    const star = document.createElement('div')
    star.className = 'star'
    star.id = 'star' + Math.random()
    star.style.left = x + 'px'
    star.style.top = y + 'px'

    game.appendChild(star)
  }
```

Dieser Code bewirkt das Gleiche wie zuvor, aber die Funktion `createStar()` kapselt die Logik zur Erzeugung und Positionierung eines einzelnen Sternes. Dadurch wird der Code in der Schleife übersichtlicher und leichter verständlich.

Tag 34: Zahlen auf- und abrunden

Derzeit werden die Sterne an zufälligen Positionen erzeugt, die durch Gleitkommazahlen (Zahlen mit Nachkommastellen) dargestellt werden. Zum Beispiel könnte ein Stern an der Position `(123.456, 78.910)` erscheinen, so wie in Abbildung 6.2 gezeigt.

Gleitkommazahlen sind Zahlen, die Dezimalstellen enthalten können, wie `3.14` oder `0.001`. Im Gegensatz dazu stehen Ganzzahlen, die keine Dezimalstellen haben, wie `1`, `42` oder `-7`. Achten Sie bitte auch auf die englische Schreibweise von Dezimalzahlen, bei der ein Punkt (`.`) als Dezimaltrennzeichen verwendet wird, wo im Deutschen ein Komma (`,`) steht.

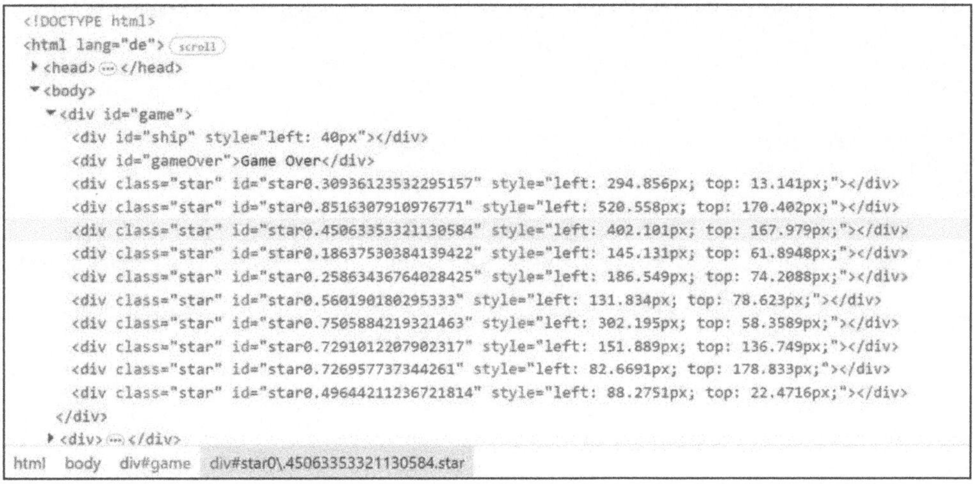

```
<!DOCTYPE html>
<html lang="de"> scroll
 ▸ <head> … </head>
 ▾ <body>
   ▾ <div id="game">
      <div id="ship" style="left: 40px"></div>
      <div id="gameOver">Game Over</div>
      <div class="star" id="star0.30936123532295157" style="left: 294.856px; top: 13.141px;"></div>
      <div class="star" id="star0.8516307910976771" style="left: 520.558px; top: 170.402px;"></div>
      <div class="star" id="star0.45063353321130584" style="left: 402.101px; top: 167.979px;"></div>
      <div class="star" id="star0.18637530384139422" style="left: 145.131px; top: 61.8948px;"></div>
      <div class="star" id="star0.25863436764028425" style="left: 186.549px; top: 74.2088px;"></div>
      <div class="star" id="star0.560190180295333" style="left: 131.834px; top: 78.623px;"></div>
      <div class="star" id="star0.7505884219321463" style="left: 302.195px; top: 58.3589px;"></div>
      <div class="star" id="star0.7291012207902317" style="left: 151.889px; top: 136.749px;"></div>
      <div class="star" id="star0.726957737344261" style="left: 82.6691px; top: 178.833px;"></div>
      <div class="star" id="star0.49644211236721814" style="left: 88.2751px; top: 22.4716px;"></div>
    </div>
   ▸ <div> … </div>
html body div#game div#star0\.45063353321130584.star
```

Abbildung 6.2: Der Computer übertreibt es mit der Genauigkeit: Pixelpositionen werden als Gleitkommazahlen dargestellt, obwohl der Bildschirm nur ganze Pixel kennt.

Um die Positionen der Sterne übersichtlicher zu gestalten, können wir die Gleitkommazahlen auf ganze Werte runden. Dazu verwenden wir die Funktion `Math.round()`.

Hier ist ein Beispiel, wie wir die Positionen der Sterne anpassen können:indexrandom

```
function createStar () {
    const x = Math.random() * 600\
    const y = Math.random() * 200
    const star = document.createElement('div')
    star.className = 'star'
    star.id = 'star' + Math.random()
    star.style.left = Math.round(x) + 'px'
    star.style.top = Math.round(y) + 'px'

    game.appendChild(star)
}
```

In diesem Beispiel werden die x-Position des Sternes abgerundet und die y-Position aufgerundet. Dadurch erscheinen die Sterne immer an ganzzahligen Pixelpositionen, was die Darstellung auf dem Bildschirm verbessert.

Es gibt auch die Funktion `Math.round()`, die eine Zahl kaufmännisch rundet. Damit wird `Math.round(4.5)` zu 5 und `Math.round(4.4)` zu 4. Diese Funktion kann nützlich sein, wenn Sie eine Zahl auf die nächstgelegene ganze Zahl runden möchten, unabhängig davon, ob sie auf- oder abgerundet werden soll.

Tag 35: Entscheidungen im Code per If-Anweisung

Wir haben die Hälfte des Buches und damit Ihres Kurses fast geschafft! Herzlichen Glückwunsch! Lassen Sie uns deshalb an dieser Stelle einen Blick auf ein paar Details werfen, die ich bisher nur am Rande erwähnt habe.

If-Bedingungen

If-Bedingungen ermöglichen es, Entscheidungen im Code zu treffen. Wir haben bei der Prüfung, ob das Raumschiff sich aus dem Bildschirm schleichen will, bereits gesehen, wie man `if`-Anweisungen verwendet, um Code nur dann auszuführen, wenn eine bestimmte Bedingung erfüllt ist. Dies ist nützlich, um den Spielverlauf zu steuern.

Eine If-Bedingung hat die folgende Struktur:

```
if (Bedingung) {
    // Code, der ausgeführt wird, wenn die Bedingung wahr ist
} else {
    // Code, der ausgeführt wird, wenn die Bedingung falsch ist
}
```

Jeder Text, der in JavaScript mit // beginnt, wird vom Programm ignoriert. Das ist ein sogenannter Kommentar und soll Programmiererinnen und Programmieren helfen, den Code zu verstehen. Oftmals erklärt er, warum etwas gemacht wird. Guter Code ist so selbsterklärend wie möglich, aber richtig eingesetzt sind Kommentare ein wichtiges Mittel, um Code wirklich verständlich zu machen.

Die Bedingung wird in Klammern angegeben und kann verschiedene Vergleichsoperatoren enthalten, wie zum Beispiel == (gleich), != (ungleich), < (kleiner als), > (größer als), <= (kleiner oder gleich) und >= (größer oder gleich).

Es sind auch drei Gleichheitszeichen === und !== verfügbar, die zusätzlich den Datentyp der verglichenen Werte berücksichtigen. In diesem Fall ist dann ein `"12" === 12` falsch, da der linke Wert ein String und der rechte Wert eine Zahl ist.

Die Bedingung, die direkt nach dem `if` steht, kann logisch richtig oder falsch sein. Ein »vielleicht« gibt es dabei nicht. Statt richtig oder falsch können Sie auch die Begriffe »wahr« und »falsch« verwenden. In der Informatik werden diese Begriffe oft mit den englischen Wörtern »true« (wahr) und »false« (falsch) bezeichnet. Oder Sie können auch die Zahlen »1« (wahr) und »0« (falsch) benutzen.

Die Anzahl der Gleichheitszeichen ist wichtig. Wenn Sie einer Variablen einen Wert zuweisen wollen, verwenden Sie ein Gleichheitszeichen =. Wenn Sie zwei Werte oder Variablen vergleichen wollen, verwenden Sie zwei == oder drei === Gleichheitszeichen.

Verknüpfung von Bedingungen

Manchmal möchten Sie mehrere Bedingungen kombinieren, um komplexere Entscheidungen zu treffen. Dazu können Sie logische Operatoren verwenden:

- ✔ `&&` (logisches UND): Beide Bedingungen müssen wahr sein, damit die gesamte Bedingung wahr ist.
- ✔ `||` (logisches ODER): Mindestens eine der Bedingungen muss wahr sein, damit die gesamte Bedingung wahr ist.
- ✔ `!` (logisches NICHT): Kehrt den Wahrheitswert einer Bedingung um: aus wahr wird falsch und umgekehrt.

Hier ein Beispiel aus unserem Spiel:

```
...
if(new_x < -10 ) return
if(new_x > 590 ) return
...
```

In diesem Beispiel wird überprüft, ob die neue x-Position des Raumschiffs außerhalb des erlaubten Bereichs liegt. Wenn die Bedingung wahr ist (also das Raumschiff zu weit nach links oder rechts bewegt wurde), wird die Funktion mit dem Befehl `return` sofort beendet und das Raumschiff bleibt an seiner aktuellen Position.

An diesem Code ist nichts auszusetzen, aber es gibt eine elegantere Lösung: Sie können beide if-Anweisungen zu einer einzigen Anweisung zusammenfassen, indem Sie den logischen ODER-Operator `||` verwenden:

```
...
if(new_x < -10 || new_x > 590 ) return
...
```

In diesem Fall wird die Funktion ebenfalls beendet, wenn eine der beiden Bedingungen wahr ist. Dies macht den Code kürzer und leichter lesbar.

Probieren Sie doch mal aus, was passiert, wenn Sie statt eines logischen ODER-Operators `||` einen logischen UND-Operator `&&` verwenden.

Tag 36: Quiz: Sterne und Logik im Spiel

Frage 1: Warum setzen wir in der Funktion `moveShip()` die Einheiten `'px'` an die Positionen des Raumschiffs? (Mehre Antworten sind möglich.)

1. Zum Rechnen benötigen wir reine Zahlen ohne Einheiten, zum Anzeigen benötigen wir die Einheiten.
2. Der Browser versteht nur Zahlen mit Einheiten.
3. Ohne die Einheiten würde das Raumschiff nicht bewegt werden.
4. Weil JavaScript sonst meckert.

Frage 2: Warum verwenden wir in der Funktion `createStar()` die Funktionen `Math.floor()` und `Math.ceil()`? (Mehrere Antworten sind möglich.)

1. Weil der Browser nur ganze Pixelpositionen versteht.
2. Weil der Computer nur mit ganzen Zahlen rechnen kann.
3. Weil die Positionen der Sterne sonst unübersichtlich wären.
4. Weil wir solch eine hohe Genauigkeit nicht brauchen und damit die Ressourcen des Computers schonen.

Frage 3: Welche der folgenden Code-Zeile ist richtig?

1. `for(i = 0; i = i + 1; i < 10)`
2. `for(i = 0; i <> 10; i++)`
3. `for(i = 0; i < 10;)`
4. `for(i = 0; i < 10; i = i + 1)`

Frage 4: Wie erzeugen Sie eine zufällige Zahl zwischen 50 und 100?

1. `Math.random() * 150`
2. `Math.random(50, 100)`
3. `Math.random() * 50 + 50`
4. `Math.random() + 50 / 100`

Frage 5: Wie prüfen Sie, ob eine Bedingung wahr ist?

1. `if (condition) { ... }`
2. `while (condition) { ... }`
3. `for (condition) { ... }`
4. `switch (condition) { ... }`

IN DIESEM KAPITEL

Sterne bewegen

Animationen

Code Refactoring

Verzweigte Programmstrukturen

Kapitel 7
Siebte Woche: Sterne bewegen

In diesem Kapitel lernen Sie, die Sterne zu animieren. Sie bewegen die Sterne zufällig über den Bildschirm und verleihen Ihrem Spiel immer mehr Dynamik.

Tag 37: Sterne fallen lassen

In unserem Spiel haben wir jetzt ein Raumschiff, das wir hin- und herbewegen können, und wir haben einige Sterne, die wir irgendwo darüber zufällig positioniert haben. Jetzt wollen wir, dass die Sterne von oben nach unten fallen.

Was benötigen wir alles, um die Sterne fallen zu lassen?

✔ Zugriff auf jeden einzelnen Stern

✔ Die Position jedes Sternes

Um auf die Sterne zuzugreifen, schauen wir uns einmal an, wie wir auf das Raumschiff zugreifen. Davon können wir uns nämlich einiges abschauen:

```
const ship = document.getElementById("ship");
ship.style.left = "100px";
```

In diesem Listing holen wir das Raumschiff-Element und speichern es in der Variablen `ship`. Danach verändern wir die linke Position des Raumschiffs.

Genauso können wir auch auf die Sterne zugreifen. Allerdings haben wir ja mehrere Sterne. Wir müssen also alle Sterne holen und dann jeden Stern einzeln behandeln. Dafür können wir die Funktion `document.getElementsByClassName` verwenden. Diese Funktion holt alle Elemente mit einer bestimmten Klasse. In unserem Fall sind das alle Elemente mit der Klasse `star`.

```
const stars = document.getElementsByClassName("star");
console.log(stars);
```

Jetzt haben wir jedoch ein anderes Problem. Wir können ja nicht einfach `stars.style.top = "100px"` schreiben, da `stars` ja mehrere Elemente enthält. Wir müssen also durch alle Elemente iterieren und jedes Element einzeln verändern. Dafür können wir eine `for`-Schleife verwenden:

```
const stars = document.getElementsByClassName("star");
for (let i = 0; i < stars.length; i=i+1) {
    const star = stars[i];
    star.style.top = "100px";
}
```

Eine `for`-Schleife kennen Sie ja schon, neu ist hier, dass wir die Eigenschaft `length` der Auflistung `stars` verwenden, um die Anzahl der abgerufenen Elemente zu bekommen. In der Schleife holen wir dann jedes einzelne Element hervor und speichern es in der Variablen `star`. Danach verändern wir die obere Position dieses Sternes.

Wir haben nun eine neue Datenstruktur kennengelernt. `stars` ist kein einzelnes Element, sondern eine Liste von Elementen. Diese Liste hat die Eigenschaft `length`, die uns die Anzahl der Elemente in der Liste zurückgibt. Wir können dann mit einem Index auf ein einzelnes Element der Liste zugreifen, wie wir es in der Schleife gemacht haben. Dafür haben wir hinter dem Namen der Liste eckige Klammern `[]` benutzt, um auf ein einzelnes Element zuzugreifen. Solche eine Liste von Werten nennt man in JavaScript (und vielen anderen Sprachen) ein *Array*.

Wir haben heute die Position der Sterne auf einen festen Wert gesetzt. Damit die Sterne aber wie geplant vom Himmel fallen, müssen wir die Position jedes Sternes andauernd verändern. Darum kümmern wir uns morgen.

Tag 38: Sterne animieren

Heute kümmern wir uns darum, dass die Sterne vom Himmel fallen. Dafür müssen wir die Position jedes Sternes kontinuierlich verändern. Wir können das mit der Funktion `setInterval` machen. Diese Funktion führt eine Funktion in bestimmten zeitlichen Intervallen aus. Die Länge des Intervalls wird in Millisekunden angegeben.

```
setInterval(function() => {
   for (let i = 0; i < stars.length; i++) {
      const star = stars[i];
      star.style.top = (parseInt(star.style.top) + 10) + "px";
   }
}, 1000);
```

Statt i = i + 1 können Sie auch i++ schreiben. Das ist eine Kurzschreibweise, die in diesem Fall genau das gleiche bedeutet.

In diesem Beispiel verwenden wir `setInterval`, um eine Funktion ein Mal pro Sekunde (1000 Millisekunden) auszuführen. In der Funktion iterieren wir über alle Sterne und erhöhen die obere Position jedes Sternes um 10 Pixel.

Wir haben hier eine neue von JavaScript bereit gestellte Funktion kennengelernt: `setInterval`. Diese Funktion nimmt zwei Argumente entgegen: eine Funktion, die wiederholt ausgeführt wird, und ein zeitliches Intervall in Millisekunden.

Es gibt verschiedene Möglichkeiten, die Funktion zu schreiben, die wir an `setInterval` übergeben. Eine Möglichkeit ist die Verwendung einer anonymen Funktion (ohne Namen):

```
setInterval(function() {
   for (let i = 0; i < stars.length; i++) {
      const star = stars[i];
      star.style.top = (parseInt(star.style.top) + 10) + "px";
   }
}, 1000);
```

Eine andere Möglichkeit ist die Verwendung einer benannten Funktion:

```
function moveStars() {
   for (let i = 0; i < stars.length; i++) {
      const star = stars[i];
      star.style.top = (parseInt(star.style.top) + 10) + "px";
   }
}
setInterval(moveStars, 1000);
```

Welche Schreibweise Sie verwenden, ist Geschmackssache. In der ersten Variante wird die Funktion direkt an `setInterval` übergeben, während in der zweiten Variante die Funktion separat definiert und dann übergeben wird. Welche Variante Sie bevorzugen, ist Geschmackssache.

Wir können die `for`-Schleife auch durch eine `for...of`-Schleife ersetzen. Diese Schleife ist etwas kürzer und übersichtlicher, wenn wir über alle Elemente einer Liste iterieren wollen.

```
setInterval(() => {
   for (const star of stars) {
        star.style.top = (parseInt(star.style.top) + 10) + "px";
   }
}, 1000);
```

Haben Sie in den Codebeispielen erkannt, wo die gescheifte Klammer wieder geschlossen wird? Das passiert in diesen Beispielen jeweils in der letzten Zeile, direkt vor der Zahl `1000`. Das ist die Klammer, die die Funktion umschließt, die wir an `setInterval` übergeben. Es ist wichtig, dass Sie darauf achten, dass alle Klammern korrekt geschlossen werden, damit Ihr Code funktioniert.

Diese Schreibweise ist etwas eleganter, wenn Sie über alle einzelnen Elemente eines Arrays iterieren wollen. Außerdem fehlt in der ersten Zeile das Schlüsselwort `function`, da wir hier eine sogenannte Pfeilfunktion (Arrow Function) verwenden und deshalb darauf verzichten können.

Aufgabe: Was müssen Sie an diesem Code ändern, damit die Sterne schneller fallen? Es gibt zwei verschiedene Möglichkeiten, die Geschwindigkeit zu ändern. Probieren Sie beide Möglichkeiten aus.

Antwort: Sie können entweder den Weg verlängern, den ein Stern in jedem Intervall zurücklegt, also die Zahl `10` erhöhen. Oder Sie können das Intervall verkürzen, bis der nächste Schritt passiert, also die Zahl `1000` verringern.

Tag 39: Auferstehung der Sterne

Bisher fallen die Sterne einfach nur nach unten. Wenn ein Stern den unteren Rand des Bildschirms erreicht, verschwindet er einfach. Das ist nicht so schön. Besser wäre es, wenn der Stern wieder oben auftauchen würde und aufs Neue nach unten fallen würde.

Dafür haben wir zwei Möglichkeiten:

- ✔ Wir können die Position jedes Sternes überprüfen und wenn ein Stern den unteren Rand erreicht hat, setzen wir seine Position wieder auf den oberen Rand.
- ✔ Wir können die Sterne löschen, wenn sie den unteren Rand erreicht haben und oben jeweils einen neuen Stern erstellen.

Beide Möglichkeiten sind gute Lösungen. Setzen wir zunächst die erste Möglichkeit um. Wir haben ja schon die Funktion `moveStars`, die **alle** Sterne nach unten bewegt. Teilen wir den Code an dieser Stelle auf, um ihn übersichtlicher zu gestalten: Dazu verlagern wir den Teil des Codes in eine neue Funktion `moveStar`, der nur einen einzelnen Stern bewegt.

```
function moveStars() {
   for (const star of stars) {
       moveStar(star);
   }
}
function moveStar(star) {
   star.style.top = (parseInt(star.style.top) + 10) + "px";
}
```

Dieser neue Code darf am Verhalten Ihres Programms nichts ändern. Wir haben ihn nur umstrukturiert. Die neue Funktion bekommt als Argument einen einzelnen Stern und bewegt diesen nach unten. Die Funktion `moveStars` iteriert über alle Sterne und ruft für jeden Stern die Funktion `moveStar` auf.

Beim Iterieren über die Sterne haben wir wieder die Schleifen-Variante `for (const star of stars)` verwendet. Das ist eine andere Schreibweise als die bisher verwendete `for (let i = 0; i < stars.length; i++)`. Beide Varianten sind korrekt. Die neue Variante ist etwas kürzer und übersichtlicher. Allerdings funktioniert sie nur, wenn wir über eine komplette Liste von Objekten iterieren, wie hier über die Liste der Sterne. Wenn wir den Index des aktuellen Elements benötigen, müssen wir die alte Variante verwenden.

Jetzt können wir in der Funktion `moveStar` überprüfen, ob der Stern den unteren Rand des Bildschirms erreicht hat. Wenn ja, setzen wir ihn an den oberen Rand:

```
function moveStar(star) {
   star.style.top = (parseInt(star.style.top) + 10) + "px";
   if (parseInt(star.style.top) > 400) {
       star.style.top = "-50px";
   }
}
```

In diesem Code überprüfen wir, ob die vertikale Position des Sternes größer als 400 Pixel ist. Wenn ja, setzen wir die vertikale Position auf –50 Pixel. Damit taucht der Stern wieder oben auf dem Bildschirm auf.

Auch hier gilt wieder, dass wir die Zahl 400 an die Höhe des Spielfelds anpassen müssen, wenn wir die Höhe des Spielfelds ändern. Wir könnten die Höhe des Spielfelds auch dynamisch ermitteln, indem wir die Eigenschaft `document.getElementById("game").clientHeight` verwenden.

Die zweite Möglichkeit, die wir oben beschrieben haben, besteht darin, die Sterne zu löschen, wenn sie den unteren Rand erreicht haben, und dann neue Sterne oben zu erstellen. Das können wir ebenfalls mit der Funktion `moveStar` machen:

```
function moveStar(star) {
   star.style.top = (parseInt(star.style.top) + 10) + "px";
   if (parseInt(star.style.top) > 400) {
       star.remove();
       createStar();
   }
}
```

In diesem Code löschen wir den Stern, wenn er den unteren Rand erreicht hat, indem wir die Funktion `remove` aufrufen. Danach erstellen wir einen neuen Stern, indem wir die Funktion `createStar` aufrufen.

Diese zweite Variante hat den Vorteil, dass im Verlauf des Spieles andere Sterne entstehen können, wenn Sie die Funktion `createStar` anpassen. Aber darum kümmern wir uns ein anderes Mal.

Tag 40: Die Geschwindigkeit der Sterne steuern

Momentan fallen die Sterne mit einer festen Geschwindigkeit. Überlegen wir mal, wie wir das Fallen der Sterne spannender machen können. Entweder fallen die Sterne mit unterschiedlichen Geschwindigkeiten oder die Fallgeschwindigkeit der Sterne erhöht sich im Verlauf des Spieles. Beide Möglichkeiten sind interessant. Probieren wir sie beide aus! Anschließend können Sie entscheiden, welche Variante Ihnen besser gefällt. Und nebenher lernen wir kennen, wie man als Programmiererin oder Programmierer an Probleme herangeht.

Die einfachere Variante ist, dass die Sterne jeweils mit einer unterschiedlichen Geschwindigkeit fallen. Dafür müssen wir die Funktion `moveStar` anpassen. Diese Funktion bewegt ja einen einzelnen Stern. Wir fügen jetzt der Funktion ein weiteres Argument `speed` hinzu, das die Fallgeschwindigkeit angibt:

```
function moveStar(star, speed) {
   star.style.top = (parseInt(star.style.top) + speed) + "px";
   if (parseInt(star.style.top) > 400) {
       star.style.top = "-50px";
   }
}
```

Das zusätzliche Argument `speed` gibt an, wie viele Pixel der Stern in jedem Schritt nach unten bewegt wird. Wir müssen nun auch noch den Aufruf der Funktion `moveStar` anpassen und für jeden Stern eine zufällige Geschwindigkeit generieren und diese an die Funktion `moveStar` übergeben:

```
function moveStars() {
   for (const star of stars) {
       const speed = Math.floor(Math.random() * 10) + 1;
       moveStar(star, speed);
   }
}
```

In diesem Code generieren wir für jeden Stern eine zufällige Geschwindigkeit. Aber was passiert, wenn Sie diesen Code laufen lassen? Bei jedem Schritt wird eine neue Geschwindigkeit generiert. Das bedeutet, dass die Geschwindigkeit jedes Sternes in jedem Schritt anders ist. Das sieht nicht gut aus. Besser wäre es, wenn jeder Stern eine eigene feste Geschwindigkeit hätte, die sich im Verlauf des Spieles nicht ändert.

Wir benötigen also eine Möglichkeit, die Geschwindigkeit jedes Sternes zu speichern. Dazu können wir in der Funktion `createStar` eine neue Eigenschaft `data-speed` für jeden Stern erstellen und diese Eigenschaft mit einer zufälligen Geschwindigkeit initialisieren. In Abbildung 7.1 sehen Sie, wie das aussieht.

```
function createStar() {
   const star = document.createElement("div");
   star.className = "star";
   star.style.left = Math.floor(Math.random() * 350) + "px";
   ...
   const speed = Math.floor(Math.random() * 10) + 1;
   star.setAttribute("data-speed", speed);
   document.getElementById("game").appendChild(star);
}
```

In diesem Code haben wir die Methode `setAttribute` verwendet, um ein neues Attribut `data-speed` für den Stern zu erstellen. Dieses Attribut speichert die Fallgeschwindigkeit des Sternes. In Abbildung 7.1 sehen Sie, wie der HTML-Tag für einen Stern mit dem `data-speed`-Attribut aussieht.

`Math.random()` erzeugt eine Zufallszahl zwischen 0 (inklusive) und 1 (exklusive). Multiplizieren wir diese Zahl mit 10, erhalten wir eine Zahl zwischen 0 (inklusive) und 10 (exklusive). Mit `Math.floor()` runden wir diese Zahl ab, sodass wir eine ganze Zahl zwischen 0 und 9 erhalten. Indem wir schließlich 1 addieren, erhalten wir eine ganze Zahl zwischen 1 und 10 (inklusive).

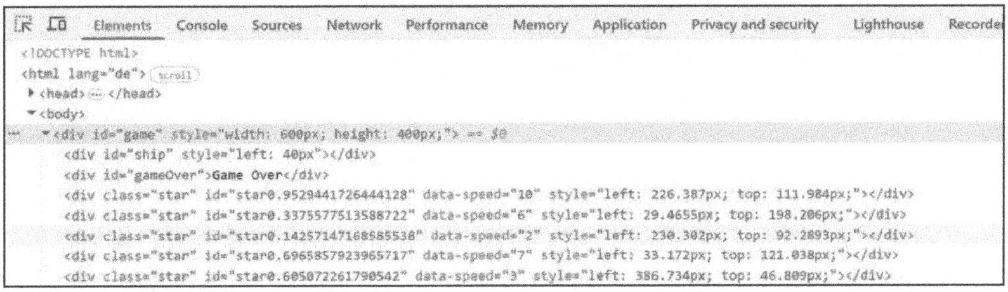

Abbildung 7.1: Das HTML-Tag für einen Stern mit dem `data–speed`-Attribut, das die Fallgeschwindigkeit des Sterne speichert.

Jetzt können wir diesen Wert auslesen, wenn wir die Funktion `moveStar` aufrufen. Das machen wir mit der Methode `getAttribute`:

```
function moveStars() {
   for (const star of stars) {
       const speed = parseInt(star.getAttribute("data-speed"));
       moveStar(star, speed);
   }
}
```

Hier haben wir die Methode `getAttribute` verwendet, um den Wert des Attributs `data-speed` auszulesen. Wir müssen den Wert noch in eine Zahl umwandeln, da die Methode `getAttribute` immer einen String zurückgibt. Das machen wir wie gewohnt mit der Funktion `parseInt`.

Es lohnt sich, immer wieder mal einen Blick auf vorhandenen Code zu werfen und zu überlegen, ob man ihn weiter optimieren kann. Manchmal findet man kleine Verbesserungsmöglichkeiten, die den Code lesbarer oder effizienter machen.

Im obigen Beispiel müssen wir die Geschwindigkeit eines Sternes nicht zwingend in der Funktion `moveStars` auslesen und dann an die Funktion `moveStar` übergeben. Wir können die Funktion `moveStar` auch so anpassen, dass sie das Attribut `data-speed` selbst ausliest:

```
function moveStar(star) {
    const speed = parseInt(star.getAttribute("data-speed"));
    ...
}
```

Damit wird der Code in der Funktion `moveStars` etwas kürzer und übersichtlicher.

Morgen schauen wir uns die zweite Möglichkeit für mehr Spielspaß an, nämlich die allmähliche Erhöhung der Geschwindigkeit, mit der die Sterne vom Himmel fallen.

Tag 41: Sterne beschleunigen

Unsere Sterne fallen jetzt mit unterschiedlichen Geschwindigkeiten. Aber das Spiel wird dadurch nicht wirklich spannender. Besser wäre es, wenn die Sterne immer schneller fallen würden, je tiefer sie fallen. Probieren wir das mal aus.

Wie würden Sie das angehen? Sie können gerne das Buch zur Seite legen und erst einmal selbst überlegen, wie Sie das Problem lösen würden. Danach schauen wir uns gemeinsam eine Lösung an.

Haben Sie etwas gefunden? Sehr gut! Hier kommt meine Lösung: Wir können die Fallgeschwindigkeit erhöhen, indem wir die Geschwindigkeit jedes Sternes in jedem Schritt erhöhen. Dazu müssten wir die Schritte zählen und davon die Geschwindigkeit ableiten. Aber das ist etwas kompliziert. Besser wäre es, wenn wir die Geschwindigkeit jedes Sternes basierend auf seiner aktuellen Position berechnen würden. Je tiefer der Stern fällt, desto höher wird dann automatisch seine Geschwindigkeit. So sieht der Code dazu aus:

```
function moveStar(star) {
   const y = parseInt(star.style.top);
   const speed = Math.floor(y / 10) + 1;
   star.style.top = y + speed + 'px';
   ...
}
```

Jetzt ist es so, dass die Geschwindigkeit eines Sternes von seiner vertikalen Position abhängt. Je tiefer der Stern fällt, desto höher wird seine Geschwindigkeit. Probieren Sie den Code aus und schauen Sie, ob Ihnen das Ergebnis gefällt. Sie können auch mit verschiedenen Parameterwerten experimentieren, um die Geschwindigkeit anzupassen.

Tag 42: Quiz – Bewegung und Animation

Heute machen wir ein kleines Quiz, um unser Wissen zu testen. Beantworten Sie die folgenden Fragen:

Frage 1: Wie können Sie auf alle Elemente mit einer bestimmten Klasse zugreifen?

1. `document.getElementByClasses("className")`
2. `document.getElementsByClassName("className")`
3. `document.getClassElements("className")`
4. `document.queryClass("className")`

Frage 2: Wie können Sie die Position eines Elements verändern?

1. `element.style.top = "100px"`
2. `element.top = "100px"`
3. `element.position.top = "100px"`

Frage 3: Wie können Sie eine Funktion in einem bestimmten Intervall ausführen?

1. `setTimeout(function, interval)`
2. `setInterval(function, interval)`
3. `setInterval(function)`

Frage 4: Wie können Sie ein Element löschen?

1. `element.delete()`
2. `element.remove()`
3. `element.destroy()`

Frage 5: Wie können Sie die Höhe eines Elements dynamisch ermitteln?

1. `element.height`
2. `element.clientHeight`
3. `element.getHeight()`

IN DIESEM KAPITEL

- Punkte zählen
- Variablen und Konstanten
- Gültigkeitsbereiche von Variablen
- Geometrie nutzen

Kapitel 8
Achte Woche: Punkte zählen

In diesem Kapitel erweitern Sie Ihr Spiel um eine Punktelogik. Sie erkennen Kollisionen zwischen Sternen und Raumschiff und werten das Ergebnis als Punktestand aus.

Tag 43: Kollisionen erkennen – wo Stern auf Raumschiff trifft

Wir haben in unserem Spiel nun fallende Sterne und wir haben ein Raumschiff, das wir mit den Pfeiltasten hin- und herschicken können. Aber was passiert, wenn ein fallender Stern unser Raumschiff trifft? Genau das wollen wir heute definieren.

Wir können uns an diese Frage von zwei Seiten her nähern. Entweder prüft das Raumschiff, ob es einen Stern berührt, oder umgekehrt: der Stern prüft, ob er das Raumschiff berührt. Da sich die Sterne auch dann bewegen, wenn das Raumschiff still steht und nichts macht, ergibt es Sinn, dass die Sterne prüfen, ob sie das Raumschiff berühren.

Damit haben wir schon mal den Ort eingegrenzt, an dem wir die Kollisionserkennung programmieren wollen, nämlich in der Funktion `moveStar()`. Innerhalb dieser Funktion haben wir einen Stern, dessen Position wir kennen. Diese vergleichen wir nun mit der Position des Raumschiffs. Wenn die Positionen nahe genug beieinander liegen, hat der Stern das Raumschiff getroffen.

```
function moveStar(star) {
   // bisheriger Code
   const ship = document.getElementById('ship')
   const star_x = parseInt(star.style.top)
   const star_y = parseInt(star.style.left)
   const ship_x = parseInt(ship.style.top)
   const ship_y = parseInt(ship.style.left)

   if (star_x == ship_x && star_y == ship_y) {
       console.log('Game Over!')
   }
}
```

Listing 8.1: Kollisionserkennung in moveStar()

Das sieht komplizierter aus, als es ist. Wir holen uns zuerst das Raumschiff-Element mit `getElementById()`. Das haben wir schon im ersten Teil des Buches gemacht. Dann lesen wir die Positionen des Sternes und des Raumschiffs aus. Mit `parseInt()` wandeln wir die Zeichenketten in Zahlen um, weil die Positionen als Text gespeichert sind und wir sie als Zahlen vergleichen wollen.

Bedenken Sie, dass die aus `style.top` und `style.left` ausgelesenen Werte immer in Pixeln angegeben sind. Das bedeutet, dass die Werte zum Beispiel '100px' lauten. Das `parseInt()` wandelt die Zeichenkette in eine reine Zahl um und entfernt dafür das 'px'. `top` gibt die vertikale Position an, also den Abstand von oben und wird zu einem `y`-Wert, und `left` die horizontale Position, also den Abstand von links, und wird zu einem `x`-Wert.

Dieser Code läuft aber noch nicht so rund, wie wir das gerne hätten. Denn die Kollision wird nur erkannt, wenn die Positionen exakt übereinstimmen. Das ist aber sehr unwahrscheinlich, weil sich die Sterne in 5-Pixel-Schritten bewegen und das Raumschiff in 20-Pixel-Schritten. Es kann also leicht passieren, dass ein Stern bei `top=100` und `left=105` ist und das Raumschiff bei `top=100` und `left=120`. In diesem Fall überlagern sich beide Elemente, aber die Kollision wird nicht erkannt.

Wie wir das angehen, schauen wir uns morgen an.

Tag 44: Kollisionserkennung verbessern

Eine Kollisionserkennung, die nur bei exakt gleichen Positionen anschlägt, ist nicht sehr sinnvoll. Sterne und Raumschiff haben ja auch eine Breite und Höhe, die wir berücksichtigen müssen. Daher müssen wir die Kollisionserkennung anpassen.

Außerdem haben wir noch eine Besonderheit, die uns das Leben hier erleichtert: Das Raumschiff bewegt sich immer nur am unteren Rand des Spielfelds, also bei `top=380`. Das bedeutet, dass wir die vertikalen Positionen nicht zu vergleichen brauchen, sondern nur die horizontalen. Bauen wir also zuerst ein, dass wir die Kollisionserkennung deaktivieren, solange der Stern noch nicht ganz unten ist:

```
function moveStar(star) {
    ...
    const star_y = parseInt(star.style.top)
    if (star_x < 400 - 20 - 20) {
        return
    }
    ...
}
```

Hier sehen Sie, dass die Funktion abbricht (`return`), wenn der Stern noch nicht nahe genug am unteren Rand ist. Das Spielfeld ist 400 Pixel hoch, das Raumschiff 20 Pixel und der Stern auch 20 Pixel. Wenn der Stern also höher als `400 - 20 - 20 = 360` Pixel ist, kann er das Raumschiff noch nicht treffen.

Wenn sich im Laufe der Programmierung die Größe des Spielfelds, des Raumschiffs oder der Sterne ändert, müssen Sie diese Werte natürlich auch hier anpassen. Besser ist es also, hier frisch ausgelesene Werte zu verwenden, also `game.style.height` und `star.style.height`.

Sämtlicher Code, der nach diesem `return` steht, wird nur ausgeführt, wenn der Stern nahe genug am unteren Rand ist. Ist dies der Fall, dann genügt es, die horizontalen Positionen von Stern und Schiff zu vergleichen. Wir wollen eine Kollision als solche erkennen, wenn die horizontalen Positionen der beiden Objekte näher als 20 Pixel beieinander liegen, weil wir auch hier die Breite des Raumschiffs und des Sternes berücksichtigen müssen. Das erreichen wir mit dem folgenden Code:

```
function moveStar(star) {
    ...
    const star_y = parseInt(star.style.top)
    if (star_y < 400 - 20 - 20) {
        return
    }
    const ship_y = parseInt(ship.style.left)
    if (star_x - ship_x < 20 && star_x - ship_x > -20) {
        console.log('Game Over!')
    }
}
```

Hier prüfen wir, ob die Differenz der horizontalen Positionen kleiner als 20 Pixel ist. Da die Differenz negativ ist, wenn der Stern sich links vom Raumschiff befindet, prüfen wir auch, ob die Differenz größer als −20 Pixel ist. Alternativ könnten wir auch den Absolutwert der Differenz bilden und nur prüfen, ob dieser kleiner als 20 Pixel ist.

```
if (Math.abs(star_x - ship_x) < 20) {
   console.log('Game Over!')
}
```

Damit haben wir eine einfache Kollisionserkennung implementiert, die erkennt, wenn ein Stern das Raumschiff trifft. Probieren Sie es aus und schauen Sie, ob es so funktioniert, wie Sie es sich vorstellen.

`Math.abs()` ist eine Funktion der JavaScript-Mathematik-Bibliothek, die den Absolutwert einer Zahl zurückgibt. Der Absolutwert ist der Betrag einer Zahl ohne Vorzeichen, also zum Beispiel ist der Absolutwert von −5 gleich 5 und der Absolutwert von 5 ist ebenfalls 5.

Tag 45: Game Over

Wir können jetzt erkennen, wenn ein Stern das Raumschiff trifft. Aber was soll dann passieren? Wir könnten einfach eine Meldung in die Konsole schreiben, wie wir das bisher gemacht haben. Aber schöner wäre es, wenn wir eine Meldung im Spiel anzeigen könnten. Dazu fügen wir ein neues HTML-Element hinzu, das diese Meldung enthält. Dieses Element verstecken wir zunächst per CSS, damit es nicht sofort sichtbar ist.

```
<div id="gameOver">Game Over!</div>
```

Listing 8.2: HTML-Element für die Game-Over-Meldung

Dieses Element finden Sie bereits in der Datei *index.html*, aber es ist noch nicht sichtbar, weil es via CSS ausgeblendet wird. Das sieht so aus:

```
#gameOver{
    color: white;
    display: none;
    height: 100%;
    justify-content: center;
    align-items: center;
    font-size: 5em;
}
```

Listing 8.3: CSS für die Game-Over-Meldung

Auch diesen Code finden Sie bereits in der Datei *style.css*. Das `display: none;` sorgt dafür, dass das Element nicht angezeigt wird. Wenn wir nun eine Kollision erkennen, wollen wir dieses Element sichtbar machen. Dazu ändern wir die CSS-Eigenschaft `display` auf `flex`, damit das Element angezeigt wird und zentriert ist:

```
if (Math.abs(star_x - ship_x) < 20) {
    const gameOver = document.getElementById('gameOver')
    gameOver.style.display = 'flex'
}
```

Listing 8.4: Game-Over-Meldung anzeigen

Hier holen wir uns das `gameOver`-Element mit `getElementById()` und ändern die `display`-Eigenschaft auf `flex`. Damit wird die Meldung angezeigt, sobald ein Stern das Raumschiff trifft.

Probieren Sie es aus und schauen Sie, ob die Meldung erscheint, wenn ein Stern das Raumschiff trifft. Aber jetzt fällt uns das nächste Problem auf: Die Sterne fallen weiter, auch wenn das Spiel vorbei ist. Das wollen wir natürlich nicht. Wir müssen also dafür sorgen, dass die Sterne aufhören zu fallen, wenn das Spiel vorbei ist.

Das machen wir morgen.

Tag 46: Das bessere Ende des Spieles

Wir haben jetzt eine Kollisionserkennung und eine Game-Over-Meldung. Aber das Spiel läuft weiter, obwohl es vorbei ist. Das wollen wir ändern. Wir müssen also dafür sorgen, dass die Sterne aufhören zu fallen, wenn das Spiel vorbei ist.

Wenn Sie sich den bisherigen Code ansehen, wie würden Sie das Problem lösen? Schauen wir uns mal die Stelle an, die überhaupt dafür sorgt, dass die Sterne fallen: Das ist die Funktion `moveStar()`. Da könnten wir einbauen, dass die Funktion nur dann ausgeführt wird, wenn das Spiel noch läuft. Dazu brauchen wir eine Variable, die den Zustand des Spieles speichert, also angibt, ob es läuft oder vorbei ist. Diese Variable nennen wir `gameOver` und setzen sie zunächst auf `false`, also »Spiel läuft«. Bei einer Kollision setzen wir sie auf `true`, also »Spiel ist aus«. Und dann wird `moveStar()` nur ausgeführt, wenn `gameOver` auf `false` steht. Das kann man so machen. Man kann es aber auch einfacher lösen.

Denken wir noch mal nach: Wo werden alle Sterne bewegt? Wo nimmt alles seinen Anfang? An der Stelle mit dem `setInterval()`! Wenn wir es also schaffen, dieses Intervall zu stoppen, beenden wir damit auch das Spiel. Und das ist tatsächlich sehr einfach. `setInterval()` gibt uns einen Wert zurück, den wir speichern können. Diesen Wert brauchen wir, um das Intervall später zu stoppen. Das machen wir so:

```
const gameIsRunning = setInterval(() => {
    ...
}, 100)
```

Listing 8.5: Interval speichern

Hier speichern wir den Rückgabewert von `setInterval()` in der Variablen `gameIsRunning`. Wenn wir das Spiel beenden wollen, rufen wir einfach `clearInterval()` mit dieser Variablen auf:

```
if (Math.abs(star_x - ship_x) < 20) {
   const gameOver = document.getElementById('gameOver')
   gameOver.style.display = 'flex'
   clearInterval(gameIsRunning)
}
```

Listing 8.6: Interval stoppen

Tag 47: Variablen, Konstanten und wo sie gelten

In den letzten Tagen haben wir viele neue Dinge gelernt und viel Code geschrieben. Heute wollen wir uns ein paar dieser Dinge noch etwas genauer ansehen und vertiefen.

Variablen und Konstanten

Zunächst einmal ist es wichtig, den Unterschied zwischen Variablen und Konstanten zu verstehen. Eine Variable ist ein Speicherplatz, dessen Wert sich während der Programmausführung ändern kann. Wir deklarieren eine Variable mit dem Schlüsselwort `let` oder `var`. Eine Konstante hingegen ist ein Speicherplatz, dessen Wert sich nicht ändern kann, nachdem er einmal zugewiesen wurde. Wir deklarieren eine Konstante mit dem Schlüsselwort `const`. Ihr Code wird versagen, wenn Sie versuchen, den Wert einer Konstanten zu ändern. Hier ein Beispiel:

```
let variable = 10;
const constant = 20;
variable = 15; // Das ist erlaubt
constant = 25; // Das führt zu einem Fehler
```

Listing 8.7: Variablen und Konstanten

Vielleicht fragen Sie sich, warum wir überhaupt Konstanten verwenden sollten, wenn wir doch Variablen haben, die sich ändern können. Der Grund ist, dass Konstanten uns helfen, unseren Code sicherer und leichter verständlich zu machen. Wenn wir eine Konstante deklarieren, signalisieren wir damit, dass dieser Wert sich nicht ändern soll. Wenn wir oder jemand anderes später versucht, diesen Wert zu ändern, wird ein Fehler ausgelöst, der uns darauf hinweist, dass etwas nicht stimmt. Das kann helfen, Fehler zu vermeiden und den Code leichter verständlich zu machen.

Gültigkeitsbereiche

Ein weiterer wichtiger Punkt ist der Gültigkeitsbereich von Variablen und Konstanten. Der Gültigkeitsbereich bestimmt, wo im Code eine Variable oder Konstante zugänglich ist. In JavaScript gibt es zwei Hauptarten von Gültigkeitsbereichen: den globalen Gültigkeitsbereich und den lokalen Gültigkeitsbereich. Variablen, die außerhalb von Funktionen deklariert werden, haben einen globalen Gültigkeitsbereich und sind im gesamten Code zugänglich. Variablen, die innerhalb von Funktionen deklariert werden, haben einen lokalen Gültigkeitsbereich und sind nur innerhalb dieser Funktion zugänglich.

Um den Gültigkeitsbereich besser zu verstehen, schauen wir uns ein Beispiel an:

```
let globalVar = "Ich bin global";

function testScope() {
   let localVar = "Ich bin lokal";
```

```
    console.log(globalVar); // Zugriff auf globale Variable
    console.log(localVar); // Zugriff auf lokale Variable
}

testScope();
console.log(globalVar); // Zugriff auf globale Variable ist ok
console.log(localVar); // Fehler: Zugriff auf lokale Variable
                                            hier nicht erlaubt
```

Listing 8.8: Gültigkeitsbereiche

In diesem Beispiel sehen wir, dass die globale Variable `globalVar` sowohl innerhalb als auch außerhalb der Funktion `testScope()` zugänglich ist. Die lokale Variable `localVar` hingegen ist nur innerhalb der Funktion zugänglich und führt außerhalb der Funktion zu einem Fehler.

Zusammenfassend lässt sich sagen, dass wir in JavaScript mit Variablen und Konstanten arbeiten, um Daten zu speichern und zu verwalten. Der Gültigkeitsbereich bestimmt, wo diese Daten im Code zugänglich sind. Indem wir die Unterschiede zwischen Variablen und Konstanten sowie die verschiedenen Gültigkeitsbereiche verstehen, können wir unseren Code besser strukturieren und Fehler vermeiden.

Tag 48: Quiz – Spielmechanik und Variablen

Frage 1: Warum brauchen wir bei der Kollisionserkennung nur die horizontalen Positionen zu vergleichen und nicht die vertikalen?

1. Weil das Raumschiff sich nur horizontal bewegt
2. Weil die Sterne sich nur vertikal bewegen
3. Weil die Kollisionserkennung nur stattfindet, wenn die Sterne den unteren Rand erreichen
4. Weil die vertikale Position irrelevant ist

Frage 2: Wie können wir das Spiel anhalten, wenn eine Kollision erkannt wird?

1. Indem wir die Funktion `moveStar()` stoppen
2. Indem wir die Variable `gameOver` auf `true` setzen
3. Indem wir das Intervall, das die Sterne bewegt, mit `clearInterval()` stoppen
4. Indem wir die Game-Over-Meldung anzeigen

Frage 3: Was passiert, wenn wir versuchen, den Wert einer Konstanten zu ändern?

1. Nichts, der Wert bleibt gleich.
2. Der Wert wird geändert.
3. Es wird ein Fehler ausgelöst.
4. Die Konstante wird gelöscht.

Frage 4: Was ist der Unterschied zwischen dem globalen und dem lokalen Gültigkeitsbereich?

1. Globale Variablen sind im gesamten Code zugänglich, lokale nur innerhalb von Funktionen.
2. Lokale Variablen sind im gesamten Code zugänglich, globale nur innerhalb von Funktionen.
3. Globale Variablen können nicht geändert werden, lokale schon.
4. Lokale Variablen können nicht geändert werden, globale schon.

Frage 5: Warum ist es sinnvoll, Konstanten zu verwenden?

1. Weil sie schneller sind als Variablen.
2. Weil sie den Code sicherer und leichter verständlich machen.
3. Weil sie mehr Speicherplatz benötigen.
4. Weil sie einfacher zu deklarieren sind.

Teil III
Dritter Monat

IN DIESEM TEIL ...

Im abschließenden dritten Monat vertiefen wir das bisher Gelernte und üben es immer weiter ein. Zu Programmieren bedeutet, den eigenen Code immer wieder neu zu strukturieren und zu verbessern. Als neues Thema beschäftigen wir uns mit Datenstrukturen und wie wir sie sortieren und speichern können.

- ✔ Datenstrukturen verstehen
- ✔ Daten dauerhaft speichern
- ✔ Daten sortieren
- ✔ üben, üben, üben

IN DIESEM KAPITEL

Highscore

Rechnen mit der Zeit

Boolesche Werte: Wahr und Falsch

Variablentypen

Kapitel 9
Neunte Woche: Auf die Plätze ... Zeit messen

In diesem Kapitel lernen Sie, wie Sie einen Highscore und eine Zeitmessung in Ihr Programm einbauen. Sie speichern Spielergebnisse und fördern den Wettbewerb.

Tag 49: Zeit messen mit JavaScript

Zurzeit können wir unser Spiel allein spielen, bis das Raumschiff getroffen wird. Das Spiel ist dann zu Ende – um es neu zu starten, müssen wir die Seite neu laden.Wenn wir aber gegeneinander spielen wollen und uns darin messen möchten, wer es länger schafft, den Sternen auszuweichen, dann wäre es schön, wenn wir die Zeit messen könnten, die wir jeweils durchgehalten haben. Das ist gar nicht so schwer.

Welche Elemente benötigen wir dazu?

- ✔ eine Variable, die die Zeit speichert
- ✔ eine Funktion, die die Zeitmessung startet
- ✔ eine Funktion, die die Zeitmessung anhält
- ✔ eine Funktion, die die Zeit anzeigt

Sie sehen hier – wie so oft in der Programmierung –, dass wir das Problem in kleinere Teilprobleme zerlegen. Wir müssen nicht alles auf einmal lösen, sondern können uns Schritt für Schritt vorarbeiten. Und die oben genannten Teilschritte sind nicht die einzige Möglichkeit, das Problem zu zerlegen. Es gibt auch noch andere Möglichkeiten.

So könnten wir zum Beispiel die Zeitmessung so implementieren:

- ✔ eine Variable, die den Startpunkt speichert
- ✔ am Ende die Differenz zur aktuellen Zeit berechnen
- ✔ eine Funktion zum Anzeigen der Zeit

Genau diesen Ansatz verfolgen wir jetzt. Wir benötigen also eine Variable, die den Startzeitpunkt speichert. Diese Variable legen wir ganz oben in unserem Skript an, damit sie überall verfügbar ist und gleich gesetzt wird, wenn das Spiel startet:

```
// Variable für Startzeitpunkt
const startTime = Date.now();
```

Listing 9.1: Die Variable für den Startzeitpunkt anlegen

Der Startzeitpunkt ändert sich natürlich nicht im Programmablauf, daher verwenden wir `const`. Wir benutzen die Funktion `Date.now()`, die uns die aktuelle Zeit in Millisekunden seit dem 1. Januar 1970 zurückgibt. Beachten Sie: Millisekunden statt Sekunden. Diese Zeit wird in der Variablen `startTime` gespeichert. Probieren Sie es mal aus und tippen Sie in die Konsole `Date.now()` ein. Sie werden eine große Zahl sehen, die mit jedem Drücken auf die Eingabetaste größer wird.

Wenn man eine Variable mit `const` deklariert, kann der Wert der Variablen nicht mehr geändert werden. Streng genommen ist die Variable also eine Konstante. Im Alltag der Programmierung nimmt man es mit diesem Begriff aber nicht immer so genau. Man verwendet `const` für Werte, die sich nicht ändern sollen, wie zum Beispiel den Startzeitpunkt eines Spieles und nennt sie trotzdem eine Variable.

Jetzt haben wir also den Startzeitpunkt. Am Ende des Spieles, wenn das Raumschiff getroffen wurde, möchten wir die Zeit stoppen und anzeigen. Dazu suchen wir zunächst die Stelle, an der das Raumschiff von einem Stern erwischt wird. Das ist die Stelle, an der wir `clearInterval()` aufrufen. Das passierte bisher in der Funktion `moveStar()`. weil wir bei jeder Bewegung eines Sternes überprüfen, ob das Raumschiff getroffen wurde.

Es empfiehlt sich, hier eine neue Funktion anzulegen, die wir `gameOver()` nennen. Dann ist der Code übersichtlicher und wir können die Funktion später auch erweitern, wenn wir möchten.

```
function gameOver() {
   const gameOver = document.getElementById('gameOver')
   gameOver.style.display = 'flex'
   window.clearInterval(gameIsRunning)
}
```

Listing 9.2: Die Funktion gameOver anlegen

Das sind die gleichen Zeilen Code, die wir bisher in der Funktion `moveStar()` hatten. Jetzt rufen wir diese Funktion in `moveStar()` auf, wenn das Raumschiff getroffen wurde. Das Aufrufen geschieht einfach mit `gameOver();`.

Innerhalb dieser Funktion können wir nun die aqktuelle Zeit auslesen und damit die beim Spielen verdaddelte Zeit berechnen und anzeigen. Dazu benötigen wir eine weitere Variable, die die aktuelle Zeit speichert. Diese Variable legen wir innerhalb der Funktion an, da sie nur dort benötigt wird.

```
function gameOver() {
   const gameOver = document.getElementById('gameOver')
   gameOver.style.display = 'flex'
   window.clearInterval(gameIsRunning)
   const currentTime = Date.now();

   const timeDiff = (currentTime - startTime) / 1000;
   alert( "Sie haben " + timeDiff + " Sekunden geschafft!");
}
```

Listing 9.3: Variable für aktuelle Zeit anlegen

Die Variable `currentTime` speichert die aktuelle Zeit in der Einheit »Millisekunden seit dem 1. Januar 1970«. Als Nächstes berechnen wir die Differenz zwischen dieser aktuellen Zeit und der Startzeit. Diese Differenz teilen wir durch 1000, um die Spielzeit in Sekunden zu erhalten. Schließlich zeigen wir diese Zeit mit dem Befehl `alert()` an. Wir können diesen Wert auch noch runden, indem wir `Math.round()` verwenden.

Mit der Zeit zu rechnen, ist immer eine besondere Herausforderung. Die Monate sind unterschiedlich lang und nicht jedes Jahr hat 365 Tage, daher ist es wichtig, bei Zeitberechnungen vorsichtig zu sein. Eine einfache Möglichkeit ist es, die Zeit in Sekunden seit einem Referenzdatum zu definieren, üblicherweise seit dem 1. Januar 1970 (vorher gab es keine gescheiten Computer, wer wollte damals leben?). Damit hat man eine konkrete Zahl, mit der man weiter rechnen kann. Aus solchen Sekundenwerten kann man relativ leicht Minuten und Stunden berechnen, schwieriger wird es erst bei Monaten und Jahren.

Tag 50: Die Spielzeit beim Spielen anzeigen

Wir messen nun zwar die Zeit bis zum Raumschiffcrash, aber wir zeigen sie nicht während des Spielens an. Das wollen wir jetzt ändern. Wir müssen also die seit dem Spielstart vergangene Zeit kontinuierlich berechnen und anzeigen.

An welche Stelle im Code könnten wir das tun? »Kontinuierlich« ist hier das Stichwort. Kommen Sie drauf, wo wir das einbauen könnten?

Ja, genau: In dem Code-Bereich, den wir mit `setInterval(...)` kontinuierlich ausführen. Das ist die Funktion `moveStars()`, die wir alle paar Millisekunden aufrufen. Dort können wir bei jedem Aufruf die Zeit berechnen und anzeigen, etwa so:

```
function moveStars() {
   // bisheriger Code
   const currentTime = Date.now();
   const timeDiff = (currentTime - startTime) / 1000;
   document.getElementById('time').innerText =             ↩
               "Zeit: " +  Math.round(timeDiff) + " Sekunden";
}
```

Listing 9.4: Die Zeit kontinuierlich berechnen und anzeigen

In dieser Funktion berechnen wir die aktuelle Zeit mit `Date.now()` und speichern sie in der Variablen `currentTime`. Dann berechnen wir die Differenz zur Startzeit `startTime`, die wir am Anfang des Spieles gespeichert haben. Diese Differenz teilen wir noch durch 1000, um die Zeit in Sekunden zu erhalten, und speichern sie in der Variablen `timeDiff`.

Schließlich zeigen wir die aktuell verspielte Zeit mit `document.getElementById('time').innerText` an. Dazu benötigen wir ein HTML-Element mit der ID `time`, das diese Zeit anzeigt. Dieses Element haben wir in der Datei `index.html` bereits angelegt. Finden Sie es dort?

Sie können nun den Befehl `alert(...)` aus der Funktion `gameOver()` entfernen, da die Zeit ja nun bis zum Crash kontinuierlich angezeigt wird. Probieren Sie doch mal selbstständig aus, wie man es schafft, dass die Schlusszeit am Ende neben dem Schriftzug »Game Over« angezeigt wird. Viel Erfolg!

Tag 51: Das Spiel neu starten

Wenn Sie das Spiel durchgespielt haben, können Sie die Seite neu laden und von vorne beginnen. Aber schöner wäre es, wenn Sie das Spiel einfach neu starten könnten, ohne die Seite neu laden zu müssen. Auh das ist nicht schwer.

Im HTML-Bereich haben wir ja bereits einen Button angelegt, der das Spiel neu starten soll. Dieser Button hat die ID `restartButton`. Wir können also in unserem JavaScript-Code eine Funktion anlegen, die das Spiel erst startet, wenn der Button geklickt wird.

```
document.getElementById('start').addEventListener('click', function()
{
   alert("Spiel neu starten");
   location.reload();
});
```

Listing 9.5: Das Spiel neu starten

In dieser Funktion rufen wir einfach `location.reload()` auf, um die Seite neu zu laden. Das ist genau das Gleiche, als wenn Sie die Seite manuell neu laden würden, zum Beispiel mit F5.

Mit `addEventListener` fügen wir einem HTML-Element einen sogenannten Event-Listener hinzu. Ein Event-Listener ist eine Funktion, die ausgeführt wird, wenn ein bestimmtes Ereignis eintritt. In diesem Fall ist das Ereignis ein Klick auf den Button mit der ID `start`. Wenn der Button geklickt wird, wird die Funktion ausgeführt, die wir als zweiten Parameter übergeben haben.

Bei einem Neustart des Spieles die Seite einfach neu zu laden, ist zwar eine einfache Lösung, aber wie bereits gesagt nicht sehr elegant. Wir möchten unser Spiel lieber zurücksetzen können, ohne die ganze Seite neu zu laden. Dazu müssen wir einige Variablen zurücksetzen und die HTML-Elemente wieder in ihren Anfangszustand versetzen. Am besten legen wir dafür eine neue Funktion an, die wir `startGame()` nennen.

Überlegen Sie sich doch einmal selbst, welche Variablen und HTML-Elemente Sie zurücksetzen müssen, damit das Spiel wieder von vorne beginnen kann.

Bei einem Neustart des Spieles müssen folgende Dinge passieren:

- ✔ Die Sterne hören auf zu fallen.
- ✔ Es werden neue Sterne erschaffen und platziert.
- ✔ Das Raumschiff geht auf seine Startposition.
- ✔ Der Game-over-Bildschirm wird ausgeblendet, falls er noch angezeigt wird.
- ✔ Die Zeit wird zurückgesetzt.

Machen wir uns an die Umsetzung:

```
let gameIsRunning; // diese Variable ist außerhalb der Funktion,
                   // damit sie überall verfügbar ist

function startGame() {
   window.clearInterval(gameIsRunning);
   document.getElementById('gameOver').style.display = 'none';
   startTime = Date.now()  // startTime muss von const zu let
                           // geändert werden
   ship.style.left = '180px'

   const stars = document.getElementsByClassName('star')
   for (const star of stars) {
       star.remove();
   }

   gameIsRunning = window.setInterval(moveStars, 100)
   for (let i = 0; i < 10; i++) {
       createStar()
   }
}
```

Listing 9.6: Spiel zurücksetzen

In dieser Funktion stoppen wir zunächst den aktuellen Spielablauf mit `clearInterval()`. Dann blenden wir den Game-over-Bildschirm aus, indem wir das entsprechende HTML-Element mit der ID `gameOver` auswählen und dessen Stil-Eigenschaft `display` auf `none` setzen. Auch wenn der Game-over-Bildschirm nicht angezeigt wird, schadet es nicht, ihn auszublenden.

Die Variable `startTime` muss von `const` zu `let` geändert werden, damit wir sie hier neu setzen können, denn bisher war es eine Konstante. Wir setzen sie auf die aktuelle Zeit mit `Date.now()`. Dann setzen wir die Position des Raumschiffs zurück, indem wir dessen Stil-Eigenschaft `left` wieder den Startwert `'180px'` zuweisen.

Anschließend entfernen wir alle vorhandenen Sterne, indem wir alle HTML-Elemente mit der Klasse `star` auswählen und diese in einer Schleife mit `remove()` löschen. Dann starten wir den Spielablauf neu, indem wir `setInterval()` erneut aufrufen und die Variable `gameIsRunning` aktualisieren. Schließlich erstellen wir wieder 10 neue Sterne, damit das Spiel von vorne beginnen kann.

Damit das Spiel nicht sofort startet, wenn man auf die Seite geht, habe ich in den Übungsdateien den Code zum Starten des Spieles entfernt. Stattdessen wird das Spiel jetzt erst gestartet, wenn der Spieler oder die Spielerin auf den Start-Button klickt.

Tag 52: Pause! Das Spiel anhalten und fortsetzen

Wir haben einen Start-Button, also wäre ein Pause-Button doch auch ganz nett. Wie machen wir das? Wir können einfach einen weiteren Button im HTML hinzufügen und diesem Button eine Funktion zuweisen, die das Spiel pausiert, wenn er geklickt wird. Diesen Button haben wir schon in der Datei `index.html` angelegt. Er sieht so aus:

```
<button id="pause" onClick="pauseGame()">Pause</button>
```

Listing 9.7: Pause-Button im HTML

Sie sehen, dieses HTML-Element hat ein Attribut `onClick`, das die Funktion `pauseGame()` aufruft, wenn der Button geklickt wird. Wegen dieses Attributs benötigen wir keinen Event-Listener in unserem JavaScript-Code wie gestern. Ob Sie ein Button-Element mit `addEventListener` oder mit `onClick` anlegen, führt zum gleichen Verhalten. Zwar gibt es im Detail Unterschiede, für den Moment wirken die sich aber nicht auf unser Spiel aus. Nun müssen wir die Funktion `pauseGame()` anlegen:

```
function pauseGame() {
   window.clearInterval(gameIsRunning);
}
```

Listing 9.8: Die Funktion pauseGame anlegen

Diese Funktion ruft die Methode `clearInterval()` des `window`-Objekts auf. Diese Methode stoppt die Ausführung der Funktion, die wir mit `setInterval()` gestartet haben. Das Spiel endet damit. Aber was passiert, wenn wir weiter spielen wollen? Wir müssen die Funktion `startGame()` erneut aufrufen. Aber wenn wir das tun, beginnt das Spiel frisch von vorne, das wollen wir aber nicht. Wie benötigen eine andere Lösung.

Eigentlich müssen wir ja nur den Timer stoppen, das tun wir bereits. Und bei einem nächsten Klick auf Pause müssen wir den Timer wieder starten. Wir müssen uns also merken, ob das Spiel gerade läuft oder pausiert ist. Dazu legen wir eine Variable `isRunning` an, die den Wert `true` hat, wenn das Spiel läuft, und den Wert `false`, wenn das Spiel pausiert. Diese Variable legen wir ganz oben in unserem Skript an, damit sie überall verfügbar ist.

Bisher haben wir schon eine Variable mit ähnlichem Namen, nämlich `gameIsRunning`. Diese Variable speichert aber nicht, ob das Spiel läuft oder pausiert ist, sondern sie speichert den Timer, der das Spiel am Laufen hält. Besser ist es also, wenn wir diese bisherige Variable in `gameTimer` umbenennen, damit es keine Verwechslungen gibt. Sie können das in VS Code mit der Funktion `Suchen und Ersetzen` machen (Tastenkürzel `Strg+H`).

```
let isRunning = false;
function pauseGame() {
   if (isRunning) {
       window.clearInterval(gameTimer);
       isRunning = false;
   } else {
       gameTimer = window.setInterval(moveStars, 100);
       isRunning = true;
   }
}
```

In der Funktion `pauseGame()` prüfen wir nun, ob das Spiel läuft. Wenn das der Fall ist, stoppen wir den Timer und setzen die Variable `isRunning` auf `false`. Wenn das Spiel pausiert ist, starten wir den Timer neu und setzen die Variable `isRunning` auf `true`. Damit können wir das Spiel pausieren und wieder fortsetzen. Wichtig ist auch, dass Sie in der Funktion `startGame()` die Variable `isRunning` auf `true` setzen, damit das Spiel beim Starten als laufend erkannt wird.

Schön wäre noch, wenn der Button-Text sich ändert, wenn das Spiel pausiert ist. Dazu können wir in der Funktion `pauseGame()` eine Pausenbotschaft festlegen. Das machen Sie mit der Eigenschaft `innerText` des Button-Elements. Der Code dazu sieht so aus:

```
document.getElementById("pause").innerText = "Weiter"
```

An welcher Stelle Sie diesen Code einbauen müssen, überlasse ich Ihnen. Probieren Sie es aus!

Tag 53: Von Zahlen und Texten – Variablentypen verstehen

Variablen speichern Daten, aber nicht alle Daten sind gleich. Es gibt verschiedene Arten von Daten, die unterschiedliche Eigenschaften haben und unterschiedlich behandelt werden müssen. Diese verschiedenen Arten von Daten nennt man **Datentypen**. Heute werden wir uns die wichtigsten Datentypen in JavaScript ansehen: boolesche Werte, Zahlen, Zeichenketten und Arrays.

Boolesche Werte

In den letzten Tagen haben wir immer wieder mit Variablen gearbeitet, die nur zwei Zustände annehmen können. Zum Beispiel die Variable `isRunning`, die den Wert `true` hat, wenn das Spiel läuft, und den Wert `false`, wenn das Spiel pausiert ist. Solche Variablen nennt man **boolesche Variablen** oder **boolesche Werte**. Der Name kommt von dem Mathematiker George Boole, der die Grundlagen der sogenannten booleschen Algebra entwickelt hat. Boolesche Werte sind in der Programmierung sehr wichtig, weil sie oft verwendet werden, um Bedingungen zu prüfen. Zum Beispiel in einer `if`-Anweisung, wie wir sie gestern verwendet haben. Dort wird geprüft, ob eine Bedingung wahr (`true`) oder falsch (`false`) ist, und je nachdem wird ein bestimmter Code ausgeführt.

Neben diesen booleschen Werte gibt es in vielen Programmiersprachen, darunter auch JavaScript, noch andere Datentypen, wie zum Beispiel Zahlen (`number`), Zeichenketten (`string`), Objekte (`object`) und Arrays (`array`). Zahlen, Zeichenketten und Arrays haben wir schon benutzt. Fassen wir das noch mal zusammen:

Zahlen

Zahlen sind in JavaScript immer vom Typ `number`. Es gibt keine Unterscheidung zwischen Ganzzahlen und Gleitkommazahlen. Beispiele für Zahlen sind:

```
// Ganzahlen
let a = 42;
let c = -7;

// Kommazahlen mit Punkt statt Komma
let b = 3.14;
```

Mit Zaheln können Sie rechnen, zum Beispiel:

```
// Addition
let sum = a + b;
let diff = a - b;
let prod = a * b;
let quot = a / b;
```

Zeichenketten

Zeichenketten sind in JavaScript vom Typ `string`. Sie können Zeichenketten in einfachen oder doppelten Anführungszeichen schreiben. Beispiele für Zeichenketten sind:

```
// Zeichenkette in doppelten Anführungszeichen
let name = "Thomas";

// Zeichenkette in einfachen Anführungszeichen
let greeting = 'Hallo';
let message = "Hallo, wie geht's?"; // Zeichenkette mit Apostroph
```

Beachten Sie in der letzten Zeile, dass der Apostroph in der Zeichenkette kein Problem ist, weil die Zeichenkette in doppelten Anführungszeichen steht. Würden Sie sie in einfachen Anführungszeichen schreiben, würde das zu einem Fehler führen, weil JavaScript denken würde, dass die Zeichenkette an dem Apostroph endet.

Mit Zeichenketten können Sie verschiedene Operationen durchführen, zum Beispiel:

```
// Verkettung
let fullGreeting = greeting + ", " + name + "!";

// Länge der Zeichenkette bestimmen
let length = name.length;

// Groß- und Kleinbuchstaben
let upper = name.toUpperCase();
let lower = name.toLowerCase();
```

Arrays

Arrays sind in JavaScript vom Typ `array`. Ein Array ist eine geordnete Sammlung von Werten, die verschiedene Datentypen haben können. Sie können ein Array mit eckigen Klammern `[]` erstellen und die Werte durch Kommas trennen. Beispiele für Arrays sind:

```
// Array von Zahlen
let numbers = [1, 2, 3, 4, 5];

// Array von Zeichenketten
let fruits = ["Apfel", "Banane", "Kirsche"];

// Array mit gemischten Datentypen
let mixed = [1, "zwei", true, null];
```

Mit Arrays können Sie verschiedene Operationen durchführen, zum Beispiel:

```
// Erstes Element aufrufen
let first = fruits[0];
```

```
// Länge des Arrays abrufen
let length = fruits.length;

// Elemente hinzufügen und entfernen
fruits.push("Orange");
let last = fruits.pop();
```

Hier sehen Sie, dass der Index eines Arrays bei 0 beginnt. Das erste Element hat also den Index 0, das zweite den Index 1, und so weiter.

Dass der Computer bei 0 anfängt zu zählen, ist eine Eigenheit der Informatik, die auf die Art und Weise zurückgeht, wie Speicheradressen in Computern funktionieren. Weil man im (Programmier-)Alltag manchmal vergisst, bei 0 anzufangen statt bei 1, ist dies eine »beliebte« Fehlerquelle im Umgang mit Arrays. Zum Beispiel gibt `fruits.length` die Anzahl der Elemente im Array zurück, aber das letzte Element hat den Index `fruits.length - 1`, mit anderen Worten: Der Index des letzten Elements ist um eins kleiner als die Länge des Arrays. Dass man das im Alltag manchmal verwechselt, hat sogar einen eigenen Namen: *Off-by-one-Error* (auf Deutsch etwa: »Um-eins-daneben-Fehler«). Wenn Sie also mal einen Fehler in Ihrem Code haben, der sich nicht erklären lässt, überprüfen Sie immer, ob Sie vielleicht einen Off-by-one-Error gemacht haben.

Zahlen und Zeichenketten

Manchmal kann es passieren, dass Sie eine Zahl und eine Zeichenkette miteinander verknüpfen wollen. In diesem Fall wird die Zahl automatisch in eine Zeichenkette umgewandelt. Zum Beispiel:

```
let age = 30;
let message = "Ich bin " + age + " Jahre alt.";//
"Ich bin 30 Jahre alt."
```

Hier wird die Zahl `age` in eine Zeichenkette umgewandelt, damit sie mit den anderen Zeichenketten verknüpft werden kann. Das kann manchmal zu unerwarteten Ergebnissen führen, wenn Sie nicht darauf achten. Zum Beispiel:

```
let result = "Die Antwort ist: " + 42 + 1; // "Die Antwort ist: 421"
```

Hier wird zuerst die Zahl 42 in eine Zeichenkette umgewandelt und mit der Zeichenkette verknüpft, und dann wird die Zahl 1 ebenfalls in eine Zeichenkette umgewandelt und angehängt. Das Ergebnis ist also die Zeichenkette `"Die Antwort ist: 421"` und nicht die Zahl `43`. Wenn Sie stattdessen die Zahl 42 und die Zahl 1 addieren wollen, müssen Sie Klammern verwenden:

```
let result = "Die Antwort ist: " + (42 + 1); // "Die Antwort ist: 43"
```

Wenn Sie eine Zahl in eine Zeichenkette umwandeln wollen, können Sie auch die Methode `toString()` verwenden:

```
let age = 30;
let ageString = age.toString(); // "30"
```

Umgekehrt können Sie eine Zeichenkette in eine Zahl umwandeln, wenn die Zeichenkette eine gültige Zahl darstellt. Dazu können Sie die Funktion `Number()` verwenden:

```
let ageString = "30";
let age = Number(ageString); // 30
```

Wenn die Zeichenkette keine gültige Zahl darstellt, wird das Ergebnis `NaN` (Not a Number) sein:

```
let invalidString = "hello";
let result = Number(invalidString); // NaN
```

Statt `Number()` können Sie auch die Funktionen `parseInt()` und `parseFloat()` verwenden, um eine Zeichenkette in eine Ganzzahl bzw. eine Gleitkommazahl umzuwandeln:

```
let intString = "42";
let intValue = parseInt(intString); // 42
```

Tag 54: Quiz: Zeit, Pause und boolesche Werte

Heute gibt es kein neues Feature, sondern unser vertrautes und beliebtes Quiz, mit em Sie Ihr Wissen testen können. Viel Erfolg!

Frage 1: Was sind boolesche Werte?

1. Werte, die nur zwei Zustände annehmen können: `true` und `false`
2. Werte, die Zahlen darstellen
3. Werte, die Zeichenketten darstellen

Frage 2: Mit welcher Zahl beginnen die Indizes in einem Array in JavaScript?

1. Bei 1
2. Bei 0
3. Bei –1

Frage 3: Welche der folgenden Aussagen über Variablen ist richtig?

1. Variablen können nur Zahlen speichern.
2. Variablen können verschiedene Datentypen speichern, einschließlich Zahlen, Zeichenketten und booleschen Werten.
3. Variablen können nur Zeichenketten speichern.

Frage 4: Wie kann man einfach mit der Zeit rechnen?

1. Mit der Funktion `setTimeout()`
2. Mit den Sekunden seit dem 1. Januar 1970
3. Mit der Funktion `setInterval()`
4. Mit einer Verkettung von Tagen, Stunden, Minuten und Sekunden.

Frage 5: Was macht die Funktion `setTimeout()`?

1. Sie führt eine Funktion nach einer bestimmten Zeitverzögerung aus.
2. Sie wiederholt eine Funktion in regelmäßigen Abständen.
3. Sie stoppt die Ausführung des Codes für eine bestimmte Zeit.

IN DIESEM KAPITEL

Raumschiff bewegen

Optional Chaining

Umgang mit unterschiedlichen Zuständen

Kapitel 10
Zehnte Woche: Der Laserstrahl

In diesem Kapitel fügen Sie Ihrem Spiel eine Laserkanone hinzu. Mit deren Laserstrahlen kann das Raumschiff Sterne abschießen, bevor es zur fatalen Kollision kommt. Eine gute Idee!

Tag 55: Sterne abschießen

Jetzt wird es Zeit, dass Ihr Raumschiff lernt, sich zu schützen – indem es bedrohlich nahekommende Sterne abschießt. Sterne abzuschießen ist zwar nicht sehr realistisch, aber es macht Spaß. Und darum geht es ja bei Spielen.

Was brauchen wir alles dafür?

- ✔ Eine Taste, die den Schuss auslöst. Dazu schauen wir uns ab, wie wir das beim Raumschiff gemacht haben.
- ✔ Eine Möglichkeit, den Laserstrahl am Bildschirm darzustellen.
- ✔ Die Funktionalität, einen getroffenen Stern zu erkennen und ihn dann zu entfernen. Auch das können wir uns an bereits vorhandenem Code abschauen.

Taste zum Schießen

Um einen Laserschuss zu programmieren, definieren wir eine Funktion `shoot()`, die den Schuss organisiert. Versuchen Sie es doch erst einmal selbst, ohne weiterzulesen.

Hat es geklappt? Glückwunsch! Wenn nicht, dann orientieren Sie sich einfach an den folgenden Überlegungen: Da, wo wir das Raumschiff bewegen, können wir auch die Taste zum Schießen abfragen. Wir verwenden dazu die Pfeil-nach-oben-Taste.

```
window.onkeydown = function (event) {
  if (event.key === 'ArrowLeft') {
    moveSpaceShip(-10)
  }
  if (event.key === 'ArrowRight') {
    moveSpaceShip(10)
  }

  if (event.key === 'ArrowUp') {
    shoot();
  }
}
```

Neu hinzugekommen zur Bewegungsroutine ist nur der letzte `if`-Block: Pfeil hoch beim Bewegen löst einen Schuss aus.

Wir können diese drei `if`-Blöcke auch anders schreiben, indem wir `switch` verwenden. Das bewirkt genau das Gleiche, ist aber etwas übersichtlicher:

```
window.onkeydown = function (event) {
  switch (event.key) {
   case 'ArrowLeft':
     moveSpaceShip(-10)
     break;
```

```
    case 'ArrowRight':
      moveSpaceShip(10)
      break;
    case 'ArrowUp':
      shoot();
      break;
  }
}
```

`switch` vergleicht den Wert von `event.key` mit den verschiedenen `case`-Werten. Wenn eine Übereinstimmung gefunden wird, wird der entsprechende Block ausgeführt. Das `break` am Ende jedes Blocks sorgt dafür, dass das Programm nach dem Ausführen des Blocks die `switch`-Anweisung verlässt.

Laserstrahl zeichnen

Jetzt brauchen wir eine Funktion `shoot()`, die den Laserstrahl am Bildschirm sichtbar macht. Dazu gibt es zwei grundsätzliche Herangehensweisen:

1. Wir zeichnen den Laserstrahl in HTML und blenden ihn ein und aus oder
2. wir zeichnen den Laserstrahl in JavaScript.

Beide Varianten haben Vor- und Nachteile. Die zweite ist etwas »programmieriger«, also entscheiden wir uns für diese.

Den Laserstrahl zeichnen

```
function shoot() {
  const laser = document.createElement('div');
  laser.id = 'laser';
  game.appendChild(laser);
}
```

In dieser Funktion wird ein neues `div`-Element erstellt und diesem die ID `laser` zugewiesen. Wir haben das schon so ähnlich bei den Sternen gemacht. Danach wird das neue Element dem `game`, also unserem Spielfeld, hinzugefügt, sodass es sichtbar wird. Damit der Laserstrahl auch wie ein Laserstrahl aussieht, brauchen wir noch etwas CSS:

```
#laser {
  position: absolute;
  width: 4px;
  height: 100%;
  margin-left: 10px; // damit der Laserstrahl in der Mitte
                     // des Raumschiffs ist
  background-color: red;
}
```

Diesen Code finden Sie in der Datei `styles.css`. Wir erinnern uns: Die Raute in CSS steht für die *ID* eines Elements. In diesem Fall also für das Element mit der ID `laser`.

Bisher haben wir nun einen Laserstrahl, der von oben bis unten durch das Spielfeld geht. Aber er ist noch nicht an der richtigen Position. Das nehmen wir morgen in Angriff.

Tag 56: Den Laserstrahl in Position bringen

Der Laserstrahl sollte sinnvollerweise immer von der Mitte des Raumschiffs aus abgeschossen werden. Damit das funktioniert, müssen wir die Position des Raumschiffs kennen und sie dem Laserstrahl zuweisen. Beides können Sie sich aus dem vorhandenen Code abschauen. Probieren Sie es doch erst einmal selbst, bevor Sie weiter lesen.

Die Position des Raumschiffs finden wir mit `ship.style.left`. Das ist eine Zeichenkette. Wir wollen diese Zeichenkette aber nicht einfach direkt dem Laserstrahl zuweisen. Denn dann würde der Strahl links aus dem Raumschiff kommen, er soll aber in der Mitte starten. Also müssen wir die Zeichenkette in eine Zahl umwandeln, 10 Pixel addieren (die halbe Raumschiffbreite) und dann wieder die Pixeleinheit anhängen.

```
function shoot() {
  let laser = document.createElement('div');
  laser.id = 'laser';
  laser.style.left = parseInt(ship.style.left) + 10 + 'px';
  game.appendChild(laser);
}
```

Wir haben nun allerdings ein Problem: Bei jedem Schuss wird ein neues `div` mit der ID `laser` erzeugt. IDs müssen aber eindeutig sein. Wir können das lösen, indem wir die ID weglassen und stattdessen eine Klasse verwenden. Oder wir sorgen dafür, dass es immer nur einen Laserstrahl gleichzeitig gibt. Zum Beispiel, indem wir den alten Laserstrahl entfernen, bevor wir einen neuen erzeugen. Passen wir dazu unsere `shoot()`-Funktion an:

```
function shoot() {
  let oldLaser = document.getElementById('laser');
  if (oldLaser) {
    game.removeChild(oldLaser);
  }
  ...
}
```

Dieser Code sucht nach einem alten Laserstrahl. Wenn er einen findet, entfernt er diesen und erzeugt gleich wieder einen neuen. So gibt es immer nur einen Laserstrahl.

Aber man kann das auch noch besser lösen, indem man den Laserstrahl überhaupt nur dann erzeugt, wenn es noch keinen gibt. Das ist effizienter und sieht so aus:

```
function shoot() {
  let oldLaser = document.getElementById('laser');
  if (!oldLaser) {
   let laser = document.createElement('div');
   laser.id = 'laser';
   laser.style.left = ship.style.left;
   game.appendChild(laser);
  }
}
```

Hier wird nur dann ein neuer Laserstrahl erzeugt, wenn es noch keinen gibt. In der `if`-Bedingung steht `!oldLaser`, was so viel bedeutet wie `oldLaser` ist `null` oder `undefined`. Das Ausrufezeichen `!` kehrt den Wahrheitswert um, also wird aus `true` `false` und umgekehrt.

Ein einmal (korrekt) erzeugter Laser soll, wenn niemand auf die Schuss-Taste drückt, natürlich nicht ewig zu sehen bleiben, sondern irgendwann wieder verschwinden. Das machen wir morgen.

Tag 57: Der Laserblitz

Wenn ein Laserstrahl abgeschossen wird, sollte er nur kurz zu sehen sein. Auch hier führen wieder mehrere Wege zum Ziel. Wir können entweder einen Timer verwenden, der den Laserstrahl nach einer bestimmten Zeit wieder löscht. Oder wir nutzen den schon vorhandenen Game-Loop, der die Sterne bewegt. Da könnten wir auch jedes Mal den Laserstrahl löschen, wenn es ihn denn gibt. So ähnlich machen wir das schon mit dem Game-over-Schriftzug. Schauen Sie sich dort ab, wie das funktioniert, und lesen erst dann weiter.

Gehen wir also in die Funktion `moveStars()` und fügen dort den Code zum Entfernen eines Laserstrahls ein. Das können wir an nahezu jeder Stelle machen. Wichtig ist nur, dass es in der Funktion `moveStars()` passiert, weil die ja regelmäßig aufgerufen wird.

```
document.getElementById('laser').remove();
```

Wenn Sie diesen Code in `moveStars()` einbauen und dann im Browser testen, erhalten Sie allerdings in der Entwicklerkonsole eine Fehlermeldung. Das liegt daran, dass der Code immer ausgeführt wird, also auch dann, wenn es gar keinen Laserstrahl gibt. Wir müssen deshalb erst prüfen, ob es den Laserstrahl gibt, bevor wir ihn entfernen. Das machen wir so:

```
let laser = document.getElementById('laser');
if (laser) {
  laser.remove();
}
```

Der Code sucht nach einem Laserstrahl. Wenn er ihn findet, wird der entfernt. Wenn nicht, passiert nichts. So vermeiden wir Fehler in der Entwicklerkonsole.

Wir können den obigen Code auch mit sogenanntem Optional Chaining schreiben. Das sieht dann so aus:

```
document.getElementById('laser')?.remove();
```

Das Fragezeichen `?` sorgt dafür, dass die Methode `remove()` nur dann aufgerufen wird, wenn `document.getElementById('laser')` nicht `null` oder `undefined` ist. Wenn es keinen Laserstrahl gibt, passiert also nichts und es wird kein Fehler ausgelöst. Der Effekt ist der gleiche wie im vorherigen Beispiel, aber der Code ist kürzer und eleganter.

Damit ist unser Laserstrahl fertig. Probieren Sie es aus, indem Sie im Browser die Pfeil-nach-oben-Taste drücken. Der Laserstrahl sollte kurz aufblitzen und dann wieder verschwinden.

Tag 58: Wie der Laserstrahl Sterne zerstört

Ein Laserstrahl soll natürlich nicht nur so vor sich hinblitzen, sondern auch Sterne zerstören können. Dazu müssen wir erkennen, wenn der Strahl einen Stern erwischt und diesen Stern umgehend entfernen. Kollisionen haben wir schon einmal programmiert, nämlich zwischen dem Raumschiff und einem Stern. Sie können sich dort also einiges abschauen, bevor Sie weiter lesen.

Treffer erkennen

Wir erkennen eine Kollision beziehungsweise einen Treffer, indem wir die Position des Laserstrahls mit der Position jedes Sternes vergleichen. Wenn die Positionen nahe genug beieinander sind, gibt es eine Kollision. Dazu brauchen wir die Position des Laserstrahls. Die finden wir mit `laser.style.left`. Und dann iterieren wir über alle Sterne und vergleichen die Positionen.

Die Kollisionserkennung machen wir beim Laser anders als beim Raumschiff. Dort haben wir die Positionen der Sterne mit der Position des Raumschiffs verglichen. Hier vergleichen wir die Position des Lasers mit der Position jedes Sternes. Der Ausgangspunkt ist also der Laser, nicht der Stern wie beim Raumschiff.

Legen wir uns zunächst eine neue Funktion an, die überprüft, ob der Laser einen Stern getroffen hat. Wir nennen sie `checkLaserCollision()`. Diese Funktion rufen wir aus der Funktion `shoot()` auf, weil wir die Kollision nur prüfen, wenn es einen aktiven Laserstrahl gibt, also geschossen wurde.

Wenn Ihr Code nicht sofort so funktioniert, wie Sie sich das vorgestellt haben, können Sie sich die Werte von Variablen mit der Funktion `console.log()` in der Entwicklerkonsole ausgeben lassen (»debuggen«), etwa so: `console.log(document.getElementById('laser').style.left)`. Damit erkennen Sie zum Beispiel, ob ihre untersuchte Variable eine Zahl oder eine Zeichenkette gespeichert hat (eins von beiden ist vermutlich falsch).

```
function checkLaserCollision() {
    stars = document.getElementsByClassName('star')
    const laserX = parseInt(laser.style.left)

    for (const star of stars) {
       const left = parseInt(star.style.left)
       const right = left + 10

       if( laserX >= left && laserX <= right ) {
           star.remove();
       }
    }
}
```

In der Funktion holen wir uns zunächst alle Sterne mit `document.getElementsByClassName('star')`. Dann rufen wir die horizontale Position des Lasers ab und wandeln sie mit `parseInt()` in eine Zahl um. In der Konstanten `left` speichern wir die horizontale Position des Sternes. Da der Stern 10 Pixel breit ist, berechnen wir in der Konstanten `right` auch noch die rechte Kante des Sternes.

Achten Sie auf den Gültigkeitsbereich von Variablen. Wenn Sie eine Variable innerhalb einer Funktion definieren, können Sie sie nur innerhalb dieser Funktion verwenden. Wenn Sie sie außerhalb der Funktion brauchen, müssen Sie sie auch außerhalb definieren. Das heißt, die Variable `laser` können Sie in der Funktion `checkLaserCollision()` nur verwenden, wenn Sie sie zuvor im globalen Bereich definiert haben, also zum Beispiel ganz oben in Ihrem Skript außerhalb aller Funktionen.

Tag 59: Sterne zählen und Punktestand anzeigen

Heute wollen wir die Sterne zählen, die heruntergefallen sind. Jedes Mal, wenn ein Stern den unteren Rand des Bildschirms erreicht und entfernt wird, soll die Punktzahl um 1 erhöht werden. Und die Punktzahl soll auf dem Bildschirm angezeigt werden. Ein abgeschossener Stern bringt zwar keinen Punkt, aber dafür kann er das Raumschiff nicht mehr zerstören.

Wir brauchen also eine Variable, die die Anzahl der im Boden versunkenen Sterne speichert. Diese Variable legen wir ganz oben in unserem Skript an, damit sie überall verfügbar ist. Wir nennen sie `score` und initialisieren sie mit dem Wert 0.

Wann müssen wir die Variable `score` erhöhen? Jedes Mal, wenn ein Stern den unteren Rand des Bildschirms erreicht und entfernt wird. Das passiert in der Funktion `moveStar()`, und zwar immer dann, wenn wir die Funktion `remove()` aufrufen. Also müssen wir die Variable `score` an dieser Stelle um 1 erhöhen.

```
let score = 0; // Ganz oben im Skript
function moveStar(star) {
    ...
    if (parseInt(star.style.top) > game.clientHeight) {
    score = score + 1
    star.remove()
    createStar()
    }
    ...
    }
```

Statt eines `score = score + 1` können Sie auch die Kurzform `score++` verwenden. Beide Varianten sind korrekt und funktionieren gleich. Welche Sie verwenden, ist eine Frage des Geschmacks.

Außerdem müssen wir die Anzeige der Punktzahl aktualisieren. Dazu brauchen wir natürlich zunächst einmal eine solche Anzeige, das heißt ein HTML-Element, das die aktuelle Punktzahl zeigt. Wir fügen dieses Element in die Datei `index.html` ein, wobei wir sinnvollerweise mit 0 Punkten starten. Zum Beispiel so:

```
<div>Punkte: <span id="score">0</span></div>
```

Listing 10.1: Anzeige der Punktzahl im HTML

Achten Sie darauf, dass das `<span>`-Element die ID `score` hat, damit wir es später im JavaScript-Code ansprechen können. Wir möchten später ja nur die Punktzahl ändern, nicht den ganzen Text »Punkte:«.

Die angezeigte Punktzahl ändern wir in der Funktion `moveStar()`, direkt nachdem wir die Variable `score` erhöht haben. Wir greifen dazu auf das `<span>`-Element zu und ändern seine Eigenschaft `innerText`:

```
document.getElementById("score").innerText = score;
```

Den komplette Code hierzu finden Sie in den Übungsdateien.

Tag 60: Quiz – Highscore und Laserlogik

Heute haben wir ein ganz besonderes Rätsel für Sie. Im folgenden Code sind einige Fehler versteckt. Finden und korrigieren Sie sie!

```
function check_Laser_Collision() {
    const stars = document.getElementById('star')
    const ship = document.getElementById('ship')

    for (const star of stars) {
       left = star.style.left
       right = left + star.style.width

       if( ship.left >= left || ship.left <= right ) {
           star.remove;
       }
   }
}
```

Beschreiben Sie, was dieser Code machen soll und finden Sie die Fehler. Sie können ihn auch in Ihr Projekt kopieren und ausprobieren, welche Korrekturen in lauffähig machen.

Die Lösung finden Sie am Ende des Buches.

IN DIESEM KAPITEL

Highscores einführen

Arrays sortieren

Daten dauerhaft speichern

Kapitel 11
Elfte Woche: Wer hat die meisten Punkte?

Jetzt wird es episch: Wir dokumentieren für die Ewigkeit, wer wie gut bei unserem Spiel abgeschnitten hat.

Tag 61: Highscores erfassen

Wenn das Spiel vorbei ist, wollen wir uns in eine Bestenliste eintragen. Dazu brauchen wir einen Mechanismus, um unsere Punktzahl zu speichern und anzuzeigen. Und eine Möglichkeit, den eigenen Namen hinzuzufügen.

Fangen wir heute mit dem eigenen Namen an. Zunächst brauchen wir ein Eingabefeld, in das der Spieler oder die Spielerin den eigenen Namen schreiben kann. In der HTML-Datei sieht das so aus:

```
<input type="text" id="name" placeholder="Name">
<button id="save" onClick="addToHighscore()">Speichern</button>
```

Sie erkennen sicherlich schon, was das alles bedeutet: Wir haben einen Button, den kennen wir schon vom Start-Button. Wenn man auf ihn klickt, wird die Funktion `addToHighscore()` aufgerufen.

Das Eingabefeld ist neu. Es hat den Tag-Namen `input`, den Typ `text`, einen `placeholder` und eine `ID`. Die ID brauchen wir, um später in JavaScript auf das Eingabefeld zugreifen zu können.

Machen wir uns als Erstes daran, die Funktion `addToHighscore()` zu schreiben. Die soll den Namen aus dem Eingabefeld holen und zusammen mit der gerade erzielten Punktzahl in der Bestenliste speichern. Dazu brauchen wir natürlich auch die Punktzahl. Die haben wir in der Variablen `score` gespeichert. Hier ist der Code:

```
function addToHighscore() {
    const name = document.getElementById('name').value

    const player = document.createElement('li')
    player.innerText = name + ": " + score
    document.getElementById('highscore').appendChild(player)
}
```

Diese Funktion macht Folgendes:

- ✔ Sie holt den eingetippten Namen aus dem Eingabefeld. Dazu greift sie mit `document.getElementById('name')` auf das Eingabefeld zu und liest mit `.value` den dort eingegebenen Text aus.
- ✔ Sie erstellt ein neues Listenelement mit `document.createElement('li')`. Das ist ein HTML-Element, das in einer Liste verwendet wird.
- ✔ Sie schreibt den eingegebenen Namen und die Punktzahl in den Text des Listenelements. Das macht die Anweisung `player.innerText = name + : “+ score`.
- ✔ Sie hängt das neue Listenelement an die Bestenliste an. Dazu greift sie mit `document.getElementById('highscore')` auf die Liste zu und fügt das neue Element mit `.appendChild(player)` hinzu.

Probieren Sie es aus! Heute können Sie sich sogar mehrfach in die Liste eintragen.

Tag 62: Die Liste sortieren – wer liegt vorne?

Unsere Bestenliste wächst und wächst. Da wäre es doch schön, wenn die Einträge sortiert wären, oder? Also die Person mit der höchsten Punktzahl ganz oben, die mit der zweitbesten Punktzahl darunter und so weiter.

So einfach geht das leider nicht. Bisher haben wir ja nur neue Einträge entgegengenommen und die Liste nach Eingang angezeigt. Auf diese Weise können wir sie nicht nachträglich sortieren. Wir müssen diesen gesamten Vorgang ändern: Bevor wir die Einträge anzeigen, müssen wir sie intern speichern und sortieren. Erst dann zeigen wir Sie in der gewünschten Reihenfolge an.

Überlegen Sie bitte, wie wir das umsetzen könnten. Wir haben eine Liste mit mehreren Einträgen. Für so etwas kennen wir schon eine Datenstruktur, die wir auch bei den Sternen verwendet haben: ein Array. Wir legen also solch ein Array an, in dem wir die Highscore-Einträge speichern. Dieses Bestenlisten-Array können wir dann sortieren und anschließend seine Einträge in der richtigen Reihenfolge anzeigen. Machen wir uns daran!

```
let highscore = []
function addToHighscore() {
    const name = document.getElementById('name').value
    highscore.push({name, score})

    document.getElementById('highscore').innerHTML = '' //Liste leeren
    for (const entry of highscore) {
        const player = document.createElement('li')
        player.innerText = entry.name + ": " + entry.score
        document.getElementById('highscore').appendChild(player)
    }
}
```

Was machen wir hier? Zunächst definieren wir ein Array `highscore`, in dem wir die Einträge speichern. Das machen wir außerhalb der Funktion, damit die Bestenliste nicht jedes Mal gelöscht wird, wenn wir die Funktion aufrufen. Innerhalb der Funktion holen wir uns zunächst den Namen aus dem Eingabefeld, wie gehabt. Dann fügen wir einen neuen Eintrag in das Array ein. Dazu verwenden wir die Methode `push()`. Wir speichern den Namen und die Punktzahl als Objekt in dem Array. Anschließend kümmern wir uns darum, die Liste anzuzeigen. Zunächst leeren wir die Liste mit `innerHTML =` ”, damit nicht immer mehr Einträge dazukommen. Dann durchlaufen wir das Array mit einer Schleife und erstellen für jeden Eintrag ein Listenelement, das wir in die Bestenliste einfügen.

Objekte sind neu für uns. Ein Objekt ist eine Datenstruktur, die mehrere Werte speichern kann, ähnlich wie ein Array. Wir können uns das wie einen kleinen Container mit vielen Fächern vorstellen, in denen wir verschiedene Dinge ablegen können. In unserem Fall legen wir den Namen und die Punktzahl in einem Objekt ab. Das sieht so aus: `{name: 'Ben', score: 100}`. Wir können dann später auf die einzelnen Werte zugreifen, indem wir den Namen des Objekts und den Schlüssel verwenden, also `entry.name` oder `entry.score`.

Tag 63: Spielergebnisse sortieren mit JavaScript

Heute gehen wir ans Eingemachte und sortieren die Einträge in der Bestenliste.

Wir haben jetzt eine Liste mit Einträgen, die wir speichern und anzeigen können. Aber sie ist noch nicht sortiert. Wir wollen, dass die Person mit der höchsten Punktzahl ganz oben steht, die mit der zweitbesten Punktzahl darunter und so weiter.

Dazu verwenden wir die Methode `sort()` für Arrays. Die Methode sortiert die Einträge in einem Array. Standardmäßig sortiert sie die Einträge alphabetisch. Wir wollen aber nach der Punktzahl sortieren, also müssen wir der Methode sagen, wie sie das machen soll. Schauen wir uns mal den Code an:

```
highscore = highscore.sort(function(a, b) {
  if (b.score > a.score) {
   return -1;
  }
  if (b.score < a.score) {
   return 1;
  }
})
```

Die Methode `sort()` geht jeden Eintrag im Array durch und entscheidet, ob umsortiert werden soll oder nicht. Dazu nutzt sie die Funktion, die wir definiert haben. Diese Funktion bekommt zwei Einträge aus der Liste übergeben und vergleicht beide, um zu entscheiden, welche zuerst angezeigt werden soll. Soll der erste Eintrag vor dem zweiten angezeigt werden, geben wir `-1` zurück. Soll der zweite Eintrag vor dem ersten erscheinen, geben wir `1` zurück. Die Funktion bekommt die gesamten Einträge aus dem Highscore übergeben. Das sind ja Objekte mit zwei Eigenschaften: `name` und `score`. Wir wollen nach der Eigenschaft `score` sortieren. Also vergleichen wir die Punktzahlen der beiden Einträge. Wenn die Punktzahl des zweiten Eintrags größer ist als die des ersten, geben wir `-1` zurück, also soll der zweite Eintrag vor dem ersten angezeigt werden. Wenn die Punktzahl des zweiten Eintrags kleiner ist als die des ersten, geben wir `1` zurück, also soll der erste Eintrag vor dem zweiten angezeigt werden. Allein durch das Vergleichen der Punktzahlen und das Zurückgeben von `-1` oder `1` können wir die Einträge in der Bestenliste sortieren. Probieren Sie es aus und schauen Sie sich die Ergebnisse an!

Das effiziente Sortieren von Daten kann sehr komplex werden. In der Informatik gibt es eine lange Liste von Sortieralgorithmen mit Namen wie BubbleSort, QuickSort und MergeSort. Korrekt sortieren können alle Varianten, aber manche sind schneller bei großen Datenmengen oder eignen sich besonders für vorsortierte Listen. Suchen Sie im Internet einfach nach Sortieralgorithmen und sehen Sie sich den Pseudocode dazu an, um ein Verständnis von diesen Algorithmen zu bekommen.

Der Code funktioniert schon wunderbar, so wie er oben steht. Wir können ihn aber noch etwas kürzer schreiben. Wir können die beiden `if`-Abfragen zusammenfassen, indem wir einfach die Differenz der beiden Punktzahlen zurückgeben. Wenn die Punktzahl des zweiten Eintrags größer ist als die des ersten, ist die Differenz positiv, also wird der zweite Eintrag vor dem ersten angezeigt. Wenn die Punktzahl des zweiten Eintrags kleiner ist als die des ersten, ist die Differenz negativ, also wird der erste Eintrag vor dem zweiten angezeigt. So sieht der Code dann aus:

```
highscore = highscore.sort(function(a, b) {
  return b.score - a.score;
})
```

Das ist schon viel kürzer und macht genau dasselbe. Probieren Sie es aus!

Tag 64: Die Bestenliste speichern und anzeigen

Bisher ist es so, dass die Bestenliste nur solange gespeichert wird, wie die Seite geöffnet ist. Wenn wir die Seite neu laden, ist die Liste wieder leer. Das wollen wir ändern. Wir wollen, dass die Liste auch nach dem Neuladen der Seite noch da ist. Dazu nutzen wir den *Local Storage* des Browsers. Der Local Storage ist ein Bereich, in dem wir Daten speichern können, die auch nach dem Neuladen einer Seite noch da sind.

JSON ist ein Datenformat, das es ermöglicht, Daten als Text darzustellen und zu speichern. Es steht für JavaScript Object Notation. In JSON können verschiedene Datentypen dargestellt werden, darunter Objekte, Arrays, Strings und Zahlen. Ein JSON-String sieht zum Beispiel so aus: `{"name": "Thomas", "score": 100}`.

Dazu genügt uns nur eine Zeile Code. Wir speichern die Liste als sogenannten JSON-String im Local Storage. Dazu fügen wir in der Funktion `updateHighscore` folgende Zeile hinzu:

```
localStorage.setItem("highscore", JSON.stringify(highscore));
```

`localStorage.setItem` speichert einen Wert im Local Storage. Der erste Parameter ist der Schlüssel, unter dem wir den Wert speichern wollen. Der zweite Parameter ist der Wert, den wir speichern wollen. Da der Local Storage nur Strings speichern kann, müssen wir das Array `highscore` mit `JSON.stringify` in einen String umwandeln.

Local Storage ist eine Web-API, die es ermöglicht, Daten im Browser zu speichern. Im Gegensatz zu Cookies können im Local Storage größere Datenmengen gespeichert werden, und die Daten bleiben auch nach dem Schließen des Browsers erhalten. Der Local Storage speichert Daten als Schlüssel-Wert-Paare, wobei sowohl der Schlüssel als auch der Wert Strings sein müssen. Er ist nützlich, um Informationen wie Benutzereinstellungen, Sitzungsdaten oder in unserem Fall die Bestenliste zu speichern.

Wir müssen unseren bisherigen Code nur noch anpassen, damit die Liste beim Laden der Seite aus dem Local Storage wieder geladen wird. Dazu teilen wir die Funktion `updateHighscore` in zwei Funktionen auf: eine Funktion, die die Liste aktualisiert und eine Funktion, die für die Anzeige zuständig ist. Die Funktion, die die Liste aktualisiert, nennen wir `addToHighscore`. Die Funktion, die für die Anzeige zuständig ist, nennen wir `displayHighscore`. So sieht das dann im Zusammenspiel aus:

```
let highscore = JSON.parse(localStorage.getItem(’highscore’)) || [];
function addToHighscore() {
  const name = document.getElementById(’name’).value

  highscore.push({name, score})
  highscore = highscore.sort(function(a, b) {
   return b.score - a.score
  })
```

```
  localStorage.setItem('highscore', JSON.stringify(highscore));
  displayHighscore();
}

function displayHighscore() {
  document.getElementById('highscore').innerHTML = ''
  for (const entry of highscore) {
   const player = document.createElement('li')
   player.innerText = entry.name + ": " + entry.score
   document.getElementById('highscore').appendChild(player)
  }
}
displayHighscore();
```

Mit `let highscore = JSON.parse(localStorage.getItem('highscore')) || [];` laden wir die Liste aus dem Local Storage. Wenn es noch keine Liste im Local Storage gibt, wird ein leeres Array erstellt. Dieses leere Array definieren wir mit `|| []`. Die beiden senkrechten Striche bedeuten *oder*. Wenn also der linke Teil (das Laden der Liste aus dem Local Storage) nicht funktioniert, wird der rechte Teil (das leere Array) genommen.

Die Funktion `addToHighscore` fügt einen neuen Eintrag zur Liste hinzu, sortiert die Liste und speichert sie im Local Storage. Danach wird die Funktion `displayHighscore` aufgerufen, die die Liste anzeigt. Ganz am Ende rufen wir die Funktion `displayHighscore` auf, damit die Liste beim Laden der Seite angezeigt wird.

Jetzt wird die Bestenliste auch beim Neuladen der Seite angezeigt. Morgen zeige ich Ihnen, wie Sie die Liste wieder löschen können.

Tag 65: Bestenliste zurücksetzen

Wenn Sie eine Weile (oder auch mehrere) gespielt haben, wird die Bestenliste immer länger und länger. Irgendwann wollen Sie die Liste vielleicht wieder löschen. Zunächst schauen wir uns das mal in den Entwicklertools des Browsers an. Öffnen Sie die Entwicklertools mit der F12 und wechseln Sie zum Reiter *Application*. Dort finden Sie links im Menü den Punkt LOCAL STORAGE, so wie in Abbildung 11.1 gezeigt. Klicken Sie darauf und wählen Sie Ihre Seite aus. Dort sehen Sie den Eintrag `highscore` mit dem JSON-String der Bestenliste.

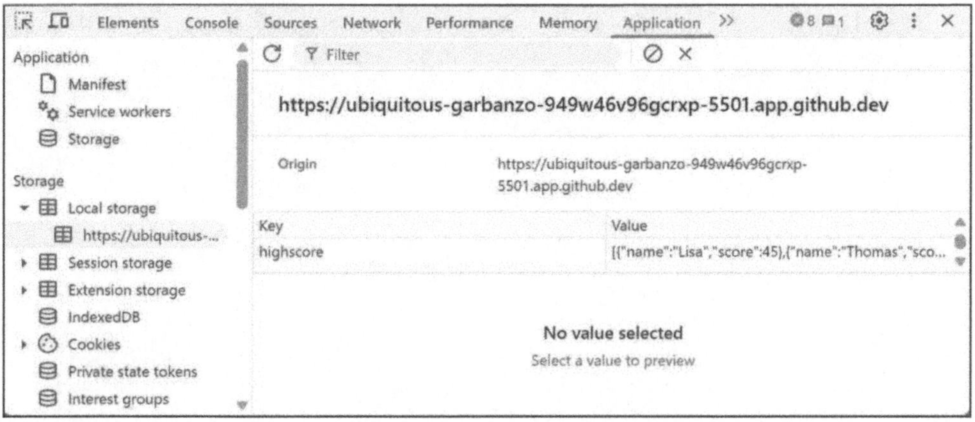

Abbildung 11.1: Den Local Storage finden Sie in den Entwicklertools des Browsers unter dem Reiter *Application*.

Den Storage können Sie auch direkt im Browser löschen. Klicken Sie dazu auf das Symbol rechts neben dem Filter am oberen Rand. Wir können die Bestenliste aber auch innerhalb des Spieles löschen. Dazu verwenden wir die Methode `localStorage.removeItem`. Wir fügen einen neuen Button zum Spiel hinzu, der beim Klicken die Bestenliste löscht:

```
<button id="clear-highscore">Bestenliste löschen</button>
```

Jetzt müssen wir noch die Funktionalität hinzufügen, die beim Klicken auf den Button ausgeführt wird. Dazu fügen wir folgenden Code hinzu:

```
document.getElementById('clear-highscore')                    ↩
            .addEventListener('click', function() {
  localStorage.removeItem('highscore');
  highscore = [];
  displayHighscore();
});
```

Mit `localStorage.removeItem('highscore')` entfernen wir den Eintrag aus dem Local Storage. Danach setzen wir die Variable `highscore` auf ein leeres Array und rufen die Funktion `displayHighscore` auf, um die Anzeige zu aktualisieren.

Jetzt haben wir die Möglichkeit, die Bestenliste zu löschen. Wenn Sie auf den Button klicken, wird die Liste entfernt und die Anzeige aktualisiert.

Statt ein `onClick`-Attribut im HTML-Code zu verwenden, habe ich hier einen `Event Listener` in JavaScript verwendet. Das hat den Vorteil, dass der HTML-Code sauberer bleibt und die Logik des Spieles klarer wird. Außerdem ist es eine gute Praxis, JavaScript-Code in separaten Dateien zu organisieren, anstatt ihn direkt im HTML-Text unterzubringen. So bleibt der Code übersichtlicher und leichter wartbar.

Tag 66: Quiz – Highscore und Datenverwaltung

Heute haben wir kein Quiz wie bisher, sondern eine kleine Aufgabe für Sie. Versuchen Sie, die Bestenliste zu »cheaten«, also Einträge hinzuzufügen, ohne tatsächlich zu spielen. Überlegen Sie, wie Sie das am besten anstellen.

Ich habe hier ein paar Tipps für Sie:

- ✔ Nutzen Sie in den Entwicklertools des Browsers die Konsole, um JavaScript-Code auszuführen.
- ✔ Versuchen Sie, den Wert für den Highscore zu manipulieren.
- ✔ Wie schaffen Sie es, dass die Bestenliste wieder ausgegeben wird?
- ✔ Wie können Sie die Liste gezielt im Local Storage verändern?

Wie ich mich in die Bestenliste hacke, zeige ich Ihnen am Ende des Buches.

IN DIESEM KAPITEL

Raumschiff bewegen

Code-Organisation

Gute Variablennamen

Künstliche Intelligenz

Kapitel 12
Zwölfte Woche: Der letzte Schliff

In diesem Kapitel bringen Sie Ihr Spiel zum Abschluss. Sie entdecken Möglichkeiten zur Verbesserung des Codes, gestalten neue Spielideen und lernen, wie Sie Ihr Projekt weiterentwickeln können – unter anderem mit KI.

Tag 67: Ordnung schaffen – strukturierter Code

Wir haben in unserer Datei `script.js` nun weit über 150 Zeilen Code angesammelt. Dabei haben wir viele Funktionen definiert, die wir immer wieder aufrufen. Heute wollen wir den Code etwas aufräumen und umstrukturieren. Das ist in der Programmierung ein immer wiederkehrender – und sehr hilfreicher! – Prozess. Während eine Software entsteht, wird sie kontinuierlich überarbeitet und verbessert. Dabei werden auch immer wieder Code-Abschnitte in eigene Funktionen ausgelagert, um den Code übersichtlicher zu machen.

Den Prozess der Umstrukturierung von Code nennt man **Refactoring**. Dabei wird die Funktionalität des Codes beibehalten, aber der Lösungsweg wird verbessert und der Code neu strukturiert. Das hilft, den Code übersichtlicher und wartbarer zu machen.

In unserem Code haben wir unterschiedliche Funktionen:

- ✔ Funktionen, die mit dem Raumschiff zu tun haben,
- ✔ Funktionen, die mit den Sternen zu tun haben,
- ✔ Funktionen, die mit der Anzeige des Punktestands zu tun haben
- ✔ und eine Funktion, die den Spielablauf steuert.

Diese Funktionen haben wir bisher alle in der Datei `script.js` definiert. Das ist zwar möglich, aber nicht sehr übersichtlich. Besser wäre es, wenn wir alle Funktionen, die mit dem Raumschiff zu tun haben, in einer eigenen »Raumschiff-Datei« auslagern. Genauso könnten wir die Funktionen, die mit den Sternen zu tun haben, in einer »Sterne-Datei« zusammenfassen. Das macht den Code übersichtlicher und leichter wartbar.

In VS Code können Sie sich Ihren Programmcode in einer Baumstruktur anzeigen lassen. Das hilft, den Überblick zu behalten. Sie finden die Baumstruktur links im Explorer-Fenster, wenn Sie auf den Abschnitt GLIEDERUNG klicken, so wie in Abbildung 12.1 gezeigt.

Dateien anlegen

In den Übungsdateien zum heutigen Tag finden Sie die verbesserte Dateistruktur, die sich über die folgenden JavaScript-Dateien erstreckt:

- ✔ `game.js`: Darin befinden sich die Funktionen, die den Spielablauf steuern.
- ✔ `ship.js`: Dies sind die Funktionen, die mit dem Raumschiff zu tun haben.
- ✔ `stars.js`: Hier finden Sie die Funktionen für die Sterne,
- ✔ `highscore.js`: hier die Funktionen für die Anzeige des Punktestands
- ✔ `index.js`: und hier schließlich die Hauptdatei mit dem Spielablauf.

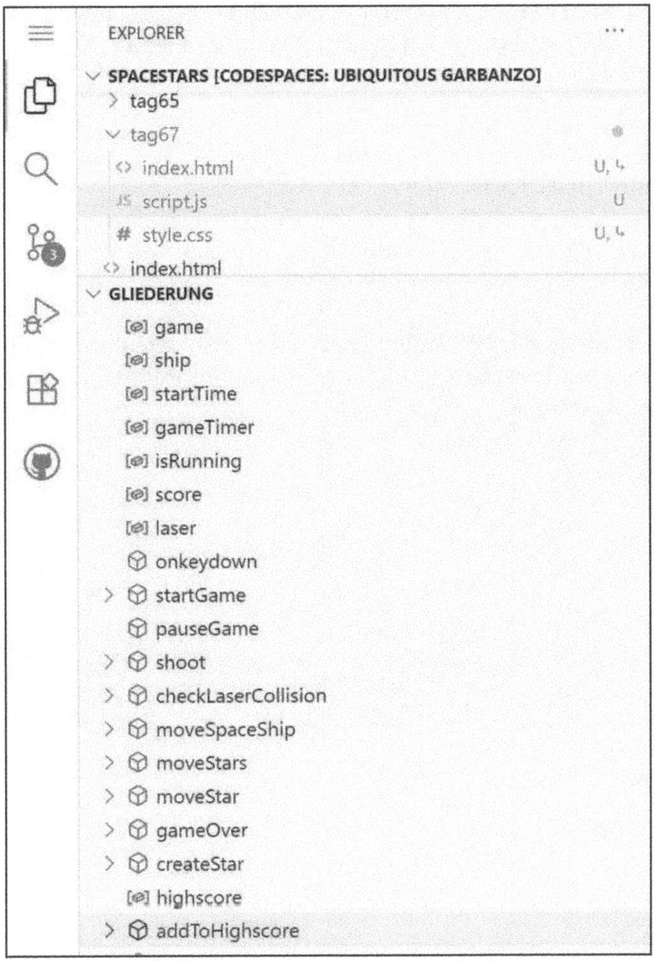

Abbildung 12.1: Die Baumstruktur in VS Code hilft, den Überblick über den Code zu behalten.

Die Datei `index.js` ist eine ganz besondere Datei. Alle anderen Dateien definieren ausschließlich Funktionen. In der Datei `index.js` wird hingegen der Spielablauf gesteuert. Dort werden die Funktionen aus den anderen Dateien aufgerufen. Dies ist somit die Steuerungszentrale unserer Software.

Es hat sich wie gesagt bewährt, Funktionsdefinitionen vom eigentlichen Programmablauf zu trennen. Das macht den Code übersichtlicher und leichter zu verstehen. Das wiederum hilft bei der Fehlersuche und beim Ausbau.

Dass die Hauptdatei `index.js` heißt, ist nicht zwingend notwendig. Aber es ist eine bewährte Konvention, die sich in der Programmierung durchgesetzt hat.

Beachten Sie bitte auch die neue Einbindung der JavaScript-Dateien in der `index.html`-Datei. Dabei müssen Sie unbedingt die Reihenfolge der Einbindung beachten: Zuerst müssen die Dateien eingebunden werden, die Funktionen definieren. Deren Reihenfolge untereinander ist egal, denn darin passiert zunächst nichts, es werden ja nur die Funktionen definiert. Erst danach kommt die Hauptdatei `index.js`, welche die zuvor definierten Funktionen aufruft.

```
<script src="scripts/ship.js"></script>
<script src="scripts/stars.js"></script>
<script src="scripts/game.js"></script>
<script src="scripts/highscore.js"></script>
<script src="scripts/index.js"></script>
```

Die Reihenfolge der Einbindung der Funktionsdateien ist egal, aber die Hauptdatei `index.js` muss immer zuletzt eingebunden werden, da dort die Funktionen aufgerufen werden.

Tag 68: So benennen Sie Ihre Variablen richtig

Mit unserer neuen professionellen Dateistruktur ist unser Code schon viel übersichtlicher geworden. Aber es gibt noch eine weitere Möglichkeit, den Code verständlicher zu machen: mit aussagekräftigen Variablennamen.

Es mag trivial klingen, aber die Wahl der richtigen Variablennamen ist sehr wichtig. Gute Variablennamen helfen dabei, den Code zu verstehen und erleichtern die Zusammenarbeit mit anderen Programmiererinnen. Sie machen den Code selbstdokumentierend, was bedeutet, dass der Code auch ohne umfangreiche Kommentare verständlich ist.

Jeder Code, den man selbst vor sechs Monaten geschrieben hat, ist fremder Code. Man versteht ihn nicht immer sofort und tut sich schwer, ihn zu ändern oder zu erweitern. Gute Variablennamen helfen dabei, Code auch nach längerer Zeit noch zu verstehen.

Schauen wir uns mal unsere Variablen an. Wir finden sie in der Datei `index.js`:

```
const game = document.getElementById('game')
const ship = document.getElementById('ship')
let startTime = Date.now()
let gameTimer
let isRunning
let score = 0
let laser
let highscore = JSON.parse(localStorage.getItem('highscore')) || [];
```

Da fällt zunächst auf, dass die Variablen unterschiedliche Inhalte haben, also unterschiedliche Typen. Einige Variablen speichern HTML-Elemente, hier auch DOM-Elemente genannt: `game` und `ship`.

Andere Variablen speichern Zahlen, zum Beispiel `score`, eine andere speichert den Timer von `setInterval()`.

Eine gute Idee ist es, die Variablen so umzubenennen, dass der Typ der Variablen sofort erkennbar ist. Das hilft dabei, den Code zu verstehen und Fehler zu vermeiden:

- ✔ `game` wird zu `gameElement`,
- ✔ `ship` wird zu `shipElement`,
- ✔ `laser` wird zu `laserElement`,
- ✔ `gameTimer` hat seinen Typ bereits im Namen und
- ✔ `highscore` wird zu `highscoreArray`, da es sich um ein Array handelt.

Variablen mit einem Standardwert initialisieren

In unserem obigen Beispiel finden Sie die Variable `isRunning`. Diese Variable wird verwendet, um zu überprüfen, ob das Spiel gerade läuft oder nicht. Der Typ der Variablen ist `boolean`, ihr Wert ist also immer entweder `true` oder `false`. Sie können nun diese Variable (und andere natürlich genauso) mit einem erlaubten Standardwert initialisieren, um sicherzustellen, dass sie immer einen definierten Wert hat. In diesem Fall hilft es auch, den Typ der Variablen zu erkennen, denn nur eine boolesche Variable kann den Wert `false` haben.

Schreibweise von Variablennamen

In JavaScript gibt es unterschiedliche Konventionen für die Schreibweise von Variablennamen. Die gebräuchlichste ist die sogenannte `camelCase`-Schreibweise. Dabei wird der erste Buchstabe des Variablennamens klein geschrieben und jeder weitere Wortanfang groß. Zum Beispiel: `gameElement`, `shipElement`, `highscoreArray`.

Andere Möglichkeiten sind die `PascalCase`-Schreibweise, bei der jeder Wortanfang groß geschrieben wird, also `GameElement`, `ShipElement`, `HighscoreArray`. Eine weitere Möglichkeit ist die **snake_case**-Schreibweise, bei der die Wörter durch Unterstriche getrennt werden, also `game_element`, `ship_element`, `highscore_array`.

Für welche Sie sich entscheiden, ist Geschmackssache. Wichtig ist nur, dass Sie konsequent bei einer Schreibweise bleiben.

Ich schreibe alle Variablen und Funktionsnamen auf Englisch. Manchmal muss ich dafür sogar extra nachschlagen, welcher englische Begriff der richtige ist. Aber es lohnt sich, denn so kann ich meinen Code auch mit anderen Programmiererinnen teilen, die kein Deutsch sprechen, zum Beispiel in einem Onlineforum. Außerdem ist Englisch die Sprache der Programmierung, und die meisten Programmiersprachen verwenden englische Schlüsselwörter und Funktionsnamen.

Sie können die Variablennamen in Ihrem Code jetzt entsprechend anpassen. Achten Sie darauf, dass Sie alle Vorkommen der Variablen im gesamten Code ändern, sonst gibt es Fehler. In VS Code hilft Ihnen dabei die Tastenkombination `Strg` ⇧ `F2`, mit der Sie dateiübergreifend nach einem global zu ändernden Namen suchen können (achten Sie dabei auch auf etwaige Tippfehler …).

Gehen Sie doch einmal die Variablen innerhalb der einzelnen Funktionen durch und überlegen Sie, ob die Namen aussagekräftig genug sind. Wenn nicht, überlegen Sie sich gerne neue Namen.

Tag 69: Das Raumschiff aufhübschen

Derzeit sieht unser Raumschiff noch sehr einfach aus: Es besteht nur aus einem roten Quadrat mit runden Ecken. Machen wir es doch etwas hübscher! Dazu können wir entweder ein Bild verwenden oder wir zeichnen das Raumschiff mit CSS. Wir entscheiden uns für die zweite Variante, da wir so keine zusätzlichen Dateien brauchen und wir ja programmieren lernen wollen.

Los geht es in der Datei `index.html`. Da haben wir das Raumschiff-Element mit der ID `ship`. Das ist ein `div`-Element, also ein rechteckiger Bereich. Er sieht so aus:

```
<div id="ship" style="left: 40px"></div>
```

Das `style`-Element setzt das Raumschiff gleich zu Beginn auf eine passende Position. Wir wollen nun, dass das Raumschiff so wie in Abbildung 12.2 aussieht – fünf Balken unterschiedlicher Länge und Farben, die ansprechend spacig nebeneinander angeordnet sind.

Dazu brauchen wir fünf `div`-Elemente innerhalb des Raumschiff-Elements. Jedes dieser Elemente bekommt eine eigene ID und eine passende Klasse, damit wir sie später mit CSS gestalten können. Das Raumschiff-Element sieht dann so aus:

```
<div id="ship" style="left: 40px">
    <div class="ship-bar ship-bar-outside"></div>
    <div class="ship-bar ship-bar-middle"></div>
    <div class="ship-bar ship-bar-center"></div>
    <div class="ship-bar ship-bar-middle"></div>
    <div class="ship-bar ship-bar-outside"></div>
</div>
```

Es macht übrigens nichts, dass diese HTML-Tags nun in verschiedenen Zeilen stehen. Der Browser ignoriert die Zeilenumbrüche und Leerzeichen. Wichtig ist nur, dass die Tags korrekt geöffnet und geschlossen werden. Für uns Menschen ist es aber übersichtlicher, wenn wir die Tags in verschiedenen Zeilen schreiben.

Abbildung 12.2: Das neue Raumschiff.

Jetzt beginnen wir mit dem Styling. Das Aussehen eines HTML-Elements wird mit CSS gestaltet. Dazu öffnen wir die Datei `styles.css`. Dort fügen wir am Ende der Datei die folgenden CSS-Regeln ein:

```
#ship{
    position: absolute;
    bottom: 0;
    display: flex;
}
```

```
.ship-bar{
    width: 4px;
    height: 20px;
    background-color: coral;
    position: relative
}

.ship-bar-middle{
    top: -5px;
}

.ship-bar-center{
    top: -15px;
}
```

Die erste Regel bezieht sich auf das ganze Raumschiff beziehungsweise das HTML-Element mit der ID `ship`. Wir setzen die Position auf `absolute`, damit wir das Raumschiff an eine feste Position im Browserfenster setzen können. Mit `bottom: 0` wird das Raumschiff ganz unten im Fenster positioniert. Mit `display: flex` werden die Balken des Raumschiffs nebeneinander angeordnet.

Danach folgt eine Klassendefinition. In HTML können wir einem Element mehrere Klassen zuweisen. In unserem Fall haben alle Balken die Klasse `ship-bar`. Diese Regel bezieht sich also auf alle Balken des Raumschiffs. Zusätzlich haben wir eine weitere Klasse pro Balken vergeben: `ship-bar-outside`, `ship-bar-middle` und `ship-bar-center`.

Alle Balken bekommen zunächst in der ersten Regel eine Breite von 4 Pixeln und eine Höhe von 20 Pixeln. Die Hintergrundfarbe wird auf `coral` gesetzt, was ein schöner Orangeton ist. Mit `position: relative` können wir die Balken später noch etwas verschieben.

Die nächsten beiden Regeln beziehen sich auf die Balken halblinks und halbrechts beziehungsweise auf den zentralen Balken. Dieser mittlere Balken bekommt mit `top: -15px` eine Verschiebung nach oben von 15 Pixeln. Die beiden Balken daneben (die Klasse heißt »`middle`«, weil sie zwischen dem Rand und dem Zentrum sitzen) bekommen mit `top: -5px` eine Verschiebung nach oben von 5 Pixeln. Die beiden äußeren Balken bekommen keine Verschiebung, sie bleiben unten.

Sie sehen, Sie können mit CSS sehr viel machen. Probieren Sie ruhig verschiedene Farben, Größen und Positionen aus, bis Ihnen das Raumschiff gefällt.

Tag 70: Feinschliff fürs Spiel

Heute machen wir nur noch ein paar Abschlussarbeiten an unserem Spiel, denn das Buch neigt sich dem Ende zu. Wir fügen dabei ein paar kleine Verbesserungen hinzu, die das Spiel besser machen.

Ihnen ist vielleicht schon aufgefallen, dass Sie Sterne zwar abschießen können, dann aber keine neuen nachkommen. Bisher ist es nämlich so, dass wir die Sterne nur dann neu erzeugen, wenn sie heil unten angekommen sind. Das wollen wir ändern und auch dann einen neuen Stern erzeugen, wenn ein Stern abgeschossen wurde.

Aber halt – eigentlich können Sie das jetzt auch schon selbst machen. Probieren Sie es aus und lesen Sie erst weiter, wenn Sie sich Gedanken gemacht haben, wie sich so etwas umsetzen lässt.

Hier die Lösung: Wir müssen die Stelle finden, an der ein Stern abgeschossen wird. Das geschieht in der Funktion `checkCollisions()` in der Datei `ship.js`. Dort wird überprüft, ob ein Stern mit einem Laserstrahl kollidiert. Wenn das der Fall ist, wird der Stern entfernt und der Score erhöht. Um das Verhalten zu ändern, fügen wir nach der Zeile, in der der Stern entfernt wird, eine weitere Zeile ein, die einen neuen Stern erzeugt. Die Funktion `createStar()` haben wir ja schon früher definiert.

Und wenn wir schon dabei sind, können wir hier auch gleich noch eine weitere Verbesserung vornehmen. Der Score wird ja immer nur erhöht, wenn ein Stern unten ankommt. Wir wollen aber auch Punkte bekommen (und zwar richtig viele!), wenn wir einen Stern abschießen. Also erhöhen wir den Score auch an dieser Stelle. Und zwar gleich um fünf Punkte. Wir können das mit `score = score + 5;` machen. Die Kurzform dafür ist `score += 5;`. Das macht genau dasselbe, ist aber etwas kürzer.

Und weil wir schon beim Verbessern sind, starten wir das gesamte Spiel nicht nur auf Buttonklick, sondern auch, wenn man die Leertaste drückt. Wissen Sie noch, wo Sie das ändern können? Ich verrate es Ihnen nicht, das bekommen Sie selbst raus. Nur so viel: Mit `console.log(event.key)` können Sie herausfinden, welche Taste Sie gerade drücken. Und wenn Sie im `switch`-Statement nach dem letzten `case` ein `default` verwenden, können Sie jeden beliebigen Tastendruck abfangen.

Lassen Sie sich auch nicht von weiteren coolen Verbesserungen abhalten, schauen Sie mit wachen Augen auf das Spiel und überlegen Sie sich, was Sie noch genialer lösen können. Wenn das Raumschiff von einem Stern getroffen wird, stoppt das Spiel beispielsweise im Moment schon, bevor die tatsächliche Kollision angezeigt wird. Das »Game over« poppt somit etwas zu früh auf. Überlegen Sie selbst, wo Sie das Problem beheben können. Es ist nur eine kleine Änderung.

Tag 71: So hilft Künstliche Intelligenz beim Programmieren

Es wird langsam Zeit, dass Sie ohne dieses Buch auskommen. Heute zeige ich Ihnen, wie Ihnen Künstliche Intelligenz (KI) beim weiteren Programmieren und beim Lösen von Problemen helfen kann.

Eine Variante ist ganz einfach ChatGPT oder ein ähnliches Produkt (es werden immer mehr). Sie können dort Fragen stellen und bekommen meistens (aber nicht immer! – selbst denken bleibt weiter eine sehr gute Idee) eine brauchbare Antwort. Copy-and-pasten Sie Ihren Codeschnipsel als Prompt in die Eingabezeile der KI und fragen Sie, auf Deutsch oder auf Englisch, wo der Fehler im Code liegt. Oder lassen Sie sich den Code aus den Beispieldateien von der Künstlichen Intelligenz erklären. Das klappt erstaunlich gut.

Eine andere Variante ist GitHub Copilot. Das ist ein Feature für Visual Studio Code, das Ihnen Code vorschlägt, wenn Sie programmieren. Es funktioniert ähnlich wie das Autovervollständigen bei einem Textprogramm: Sie schreiben ein paar Zeichen und bekommen Vorschläge, wie Sie den Code vervollständigen können. GitHub Copilot kann sogar ganze Funktionen vorschlagen, wenn Sie einen Kommentar eintippen, der beschreibt, was die Funktion machen soll. Das ist sehr praktisch, wenn Sie nicht genau wissen, wie Sie eine bestimmte Aufgabe lösen sollen. Außerdem gibt es einen Chat-Agenten, mit dem Sie chatten können wie mit einem Tutor oder einer Tutorin. Sie können dort Fragen stellen und bekommen Antworten, die Ihnen beim Programmieren helfen.

Das Autovervollständigen können Sie, wenn es sich nicht von allein aufdrängt, auch mit `Strg` `I` aufrufen. Sie können dann Ihre Frage stellen oder die KI anweisen, den Code zu erklären oder einen Fehler zu suchen. In Abbildung 12.3 sehen Sie, wie das aussieht. Sie haben auch die Möglichkeit, zwischen verschiedenen KI-Sprachmodellen zu wählen.

Abbildung 12.3: Mit Strg I können Sie die Copilot Inline-Hilfe aufrufen. So haben Sie immer einen Tutor an Ihrer Seite, der Ihnen hilft, wenn Sie nicht weiterkommen.

Tag 72: Sag zum Abschied leise Quiz – Abschied und Ausblick

Heute ist der letzte Tag, Sie haben nun drei Monate lang Ihr eigenes Browsergame programmiert! Ich hoffe, Sie hatten Spaß und haben viel gelernt. Und vielleicht haben Sie das Spiel auch in Ihrem Bekanntenkreis gezeigt. Sie können Stolz auf sich sein!

Wie geht es nun weiter? Vielleicht haben Sie Lust, das Spiel weiter zu verbessern. Es gibt *sehr* viele Möglichkeiten, ein Computerspiel interessanter zu machen. Im abschließenden Top-Ten-Teil dieses Buches habe ich ein paar Listen zusammengestellt mit Ideen, was Sie noch alles verbessern könnten. Vielleicht haben Sie ja auch eigene Ideen.

Außerdem habe ich ein paar Links zusammengestellt, die Ihnen helfen, wenn Sie weiter programmieren lernen wollen.

Machen wir uns aber zuerst noch an ein allerletztes Quiz, um Ihr gesammeltes Wissen aus dem gesamten Buch zu testen.

Frage 1: Was bewirkt die folgende Code-Zeile?

```
document.getElementById('score').innerHTML = score;
```

1. Sie ändert den Text des HTML-Elements mit der ID `score` auf den Wert der Variablen `score`.
2. Sie erstellt ein neues HTML-Element mit der ID `score` und setzt dessen Text auf den Wert der Variablen `score`.
3. Sie liest den Text des HTML-Elements mit der ID `score` und speichert ihn in der Variablen `score`.
4. Sie löscht das HTML-Element mit der ID `score`.

Frage 2: Welche der folgenden Schleifen ist korrekt, um eine Aktion 5 Mal auszuführen?

1. `for (i = 0; i < 5; i++) { ... }`
2. `while (i < 5) { ... i++; }`
3. `do { ... } while (i < 5);`
4. Alle oben genannten

Frage 3: Wie erzeugen Sie eine zufällige Ganzzahl zwischen 1 und 10?

1. `Math.floor(Math.random() * 10) + 1`
2. `Math.ceil(Math.random() * 10)`
3. `Math.random(1, 10)`
4. `Math.round(Math.random() * 9) + 1`

Frage 4: Was passiert, wenn Sie === anstelle von == in einer Bedingung verwenden?

1. Es werden sowohl der Wert als auch der Typ der Variablen verglichen.
2. Es wird nur der Wert der Variablen verglichen.
3. Es wird nur der Typ der Variablen verglichen.
4. Es gibt keinen Unterschied zwischen === und ==.

Frage 5: Wie fügen Sie einem HTML-Element eine CSS-Klasse hinzu?

1. `element.classList.add('classname');`
2. `element.addClass('classname');`
3. `element.setAttribute('class', 'classname');`
4. `element.style.className = 'classname';`

Frage 6: Welche der folgenden Methoden wird verwendet, um ein neues HTML-Element zu erstellen?

1. `document.createElement('tagname');`
2. `document.newElement('tagname');`
3. `document.makeElement('tagname');`
4. `document.addElement('tagname');`

Frage 7: Wie können Sie eine Funktion in JavaScript definieren?

1. `def myFunction() { ... }`
2. `func myFunction() { ... }`
3. `function myFunction() { ... }`
4. `function: myFunction() { ... }`

Frage 8: Was ist der Zweck von `event.preventDefault()` in einem Event-Handler?

1. Es stoppt die Ausführung des Event-Handlers.
2. Es löscht das Event.
3. Es verhindert die Standardaktion des Events.
4. Es fügt dem Event eine neue Aktion hinzu.

Frage 9: Wozu dienen Kommentare im Code?

1. Sie werden vom Browser ausgeführt.
2. Sie erhöhen die Ausführungsgeschwindigkeit des Codes.
3. Sie helfen dabei, den Code zu dokumentieren und verständlicher zu machen.
4. Sie sind notwendig, damit der Code funktioniert.

Frage 10: Wie können Sie eine Debugging-Nachricht in der Konsole ausgeben?

1. `alert('Debugging message');`
2. `debug('Debugging message');`
3. `console.log('Debugging message');`
4. `print('Debugging message');`

Die Antworten finden Sie wie gewohnt im Anhang dieses Buches. Viel Erfolg und herzlichen Glückwunsch: Sie sind jetzt Programmiererin beziehungsweise Programmierer!

Teil IV
Top-Ten-Listen

Der
Top-Ten-
Listen

IN DIESEM TEIL …

In diesem Teil finden Sie verschiedene Top-Ten-Listen zu Themen rund ums Programmieren und die Webentwicklung. Diese Listen sollen Ihnen als Orientierungshilfe dienen, wenn Sie sich weiter in die Materie einarbeiten möchten.

- ✔ Ideen, wie Sie das Spiel verbessern können
- ✔ Andere Programmiersprachen
- ✔ Nützliche Ressourcen und Tools
- ✔ Wichtige Begriffe und Konzepte

IN DIESEM KAPITEL

Neue Sternarten

Hindernissen ausweichen

Soundeffekte hinzufügen

Kapitel 13
Zehn Ideen, wie Sie das Spiel interessanter machen können

In den vorherigen Kapiteln haben Sie gelernt, wie Sie ein einfaches Weltraumspiel programmieren können. In diesem Kapitel stelle ich Ihnen zehn Ideen vor, wie Sie das Spiel noch interessanter gestalten können. Jede Idee ist eine kleine Erweiterung des Grundspiels und kann einzeln oder in Kombination umgesetzt werden.

Schnellere Sterne

In unserem einfachen Spiel bewegen sich die Sterne mit einer konstanten Geschwindigkeit auf das Raumschiff zu. Um das noch etwas aufregender zu machen, können Sie die Geschwindigkeit der Sterne im Laufe der Zeit erhöhen. Dies kann durch eine einfache mathematische Funktion erreicht werden, die die Geschwindigkeit basierend auf der verstrichenen Spielzeit oder der Anzahl der bereits gesammelten Sterne hochsetzt. Zum Beispiel könnten Sie die Geschwindigkeit der Sterne alle 30 Sekunden um einen bestimmten Wert erhöhen oder die Geschwindigkeit basierend auf der Punktzahl der Spieler skalieren. Dies sorgt dafür, dass das Spiel mit der Zeit herausfordernder wird und die Spielerinnen ständig mehr und mehr auf der Hut sein müssen.

Unterschiedliche Sterngrößen

Um das Spiel abwechslungsreicher zu gestalten, können Sie auch Sterne in unterschiedlichen Größen hinzufügen. Kleinere Sterne könnten schwieriger zu treffen sein, bringen aber mehr Punkte ein, während größere Sterne leichter zu treffen sind, aber weniger Punkte bringen. Dies schafft eine interessante Dynamik im Spiel, da die Spieler abwägen müssen, ob sie versuchen, die kleineren, wertvolleren Sterne zu erwischen oder sich auf die größeren, leichteren Sterne konzentrieren wollen. Sie können die Größen der Sterne zufällig generieren oder bestimmte Größenklassen definieren, um eine ausgewogene Mischung im Spiel zu gewährleisten.

Verschiedene Sternarten

Eine weitere interessante Spielvariante bestünde darin, dass Sie verschiedene Arten von Sternen einführen, die unterschiedliche Punktwerte haben. Zum Beispiel könnten Sie normale Sterne haben, die einen Standardpunktwert bringen, sowie seltene Sterne, die mehr Punkte einbringen, aber schwieriger zu treffen sind. Zusätzlich könnten Sie »Anti-Sterne« einführen, die Punkte abziehen, wenn sie getroffen werden. Diese Vielfalt an Sternarten sorgt dafür, dass die Spielerinnen strategisch denken müssen, welche Sterne sie anvisieren wollen, um ihre Punktzahl zu maximieren. Sie können die verschiedenen Sternarten durch unterschiedliche Farben oder Formen darstellen, damit man sie leichter erkennt.

Hindernisse

Um das Spiel herausfordernder zu gestalten, können Sie temporäre Hindernisse einführen, die das Raumschiff daran hindern, bestimmte Bereiche des Bildschirms zu durchqueren. Diese Hindernisse könnten in Form von Asteroiden, Weltraumschrott oder anderen Objekten auftreten, die zufällig auf dem Bildschirm erscheinen und für eine begrenzte Zeit dort verharren. Wenn das Raumschiff mit einem dieser Hindernisse kollidiert, könnte es verlangsamt werden oder sogar einen Punktverlust erleiden. Die Spieler müssen dann geschickt navigieren, um die Hindernisse zu umgehen und gleichzeitig weiter Sterne einzusammeln. Dies fügt dem Spiel eine zusätzliche Ebene an Strategie und Herausforderung hinzu.

Power-Ups für breiteren Laser

Wie wäre es, wenn Sie Power-Ups einführen, die den Laserstrahl des Raumschiffs vorübergehend verbreitern? Wenn die Spielerinnen ein solches Power-Up einsammeln, würde der Laserstrahl für eine bestimmte Dauer breiter, was es einfacher macht, Sterne zu treffen. Dies könnte durch eine visuelle Veränderung des Lasers dargestellt werden, zum Beispiel durch eine leuchtende Aura oder eine Farbänderung – und natürlich müsste der Laserstrahl auch am Bildschirm breiter sein. Nach Ablauf der Zeit kehrt der Laserstrahl wieder zu seiner ursprünglichen Breite zurück. Diese Mechanik fügt dem Spiel eine zusätzliche strategische Komponente hinzu, da die Spieler entscheiden müssen, wann sie das Power-Up am besten einsetzen, um ihre Punktzahl zu maximieren.

Verbesserter Highscore

Um den Highscore übersichtlicher zu gestalten und den Wettbewerb zwischen den Spielern zu fördern, können Sie eine Regel einführen, die besagt, dass pro Spieler nur ein Eintrag im Highscore erlaubt ist. Wenn eine Spielerin eine neue Punktzahl erreicht, die höher ist als ihre bisherige, wird der alte Eintrag durch den neuen ersetzt. Dies verhindert, dass der Highscore mit mehreren Einträgen derselben Person überladen wird und ermöglicht es mehr Spieler, sich in der Bestenliste zu platzieren. Um dies umzusetzen, müssen Sie sicherstellen, dass jede Spielerin eindeutig identifiziert wird, zum Beispiel durch einen eindeutigen Benutzernamen oder eine ID, und dass das System die Eindeutigkeit überprüft, bevor es die Punktzahlen entsprechend aktualisiert.

Soundeffekte

Um das Spielerlebnis zu verbessern, können Sie Soundeffekte hinzufügen, die bei bestimmten Aktionen im Spiel abgespielt werden. Zum Beispiel könnten Sie einen Soundeffekt einfügen, der ertönt, wenn ein Stern getroffen wird, um den Erfolg der Spieler zu feiern. Ebenso könnte ein anderer Soundeffekt abgespielt werden, wenn das Raumschiff bewegt wird oder wenn ein Hindernis erscheint. Diese akustischen Rückmeldungen tragen dazu bei, das Spiel lebendiger und ansprechender zu gestalten. Sie können kostenlose Soundeffekte aus dem Internet verwenden oder eigene Sounds erstellen, um dem Spiel eine persönliche Note zu verleihen.

Hindernisse, die Sterne zerstören

Hindernisse für das Raumschiff hatten wir bereits, aber Sie könnten auch Barrikaden einführen, die die Sterne zerstören, wenn sie diesen zu nahe kommen. Diese Hindernisse könnten in Form von schwarzen Löchern, Weltraumnebeln, kosmischen Ungeheuern oder anderen gefährlichen Objekten auftreten, die zufällig auf dem Bildschirm erscheinen. Wenn ein Stern mit einem dieser Hindernisse kollidiert, wird er zerstört und verschwindet vom Bildschirm, ohne dass die Spielerinnen Punkte dafür erhalten. Dies zwingt die Spieler dazu, schneller zu reagieren und ihre Strategie anzupassen, um die Sterne zu sammeln, bevor sie von den Hindernissen zerstört werden. Wenn Sie die Position und Häufigkeit der Hindernisse zufällig generieren, wird das Spiel noch dynamischer und unvorhersehbarer.

Zeitlimit

Nichts ist langweiliger als ein Spiel, bei dem man einfach lang genug wartet, bis die Sterne alle von selbst verschwunden sind. Das lässt sich vermeiden, wenn Sie ein Zeitlimit einführen, innerhalb dessen die Spielerinnen so viele Sterne wie möglich sammeln müssen. Zum Beispiel könnten Sie eine Spielzeit von 60 Sekunden festlegen, in der die Spieler versuchen, ihre Punktzahl zu maximieren. Am Ende der Zeit wird die Punktzahl angezeigt, und die Spielerinnen können in der Mittagspause versuchen, die Highscores der anderen zu schlagen (und hinterher trotzdem noch Zeit haben, um am Nachmittag etwas Sinnvolles zu tun). Um den Druck zu erhöhen, könnten Sie auch akustische oder visuelle Hinweise geben, wenn die verbleibende Zeit knapp wird, zum Beispiel durch einen Countdown-Timer, blinkende Lichter oder mahnende Ansagen. Diese Mechanik fördert schnelles Denken und schnelle Reaktionen und macht das Spiel insgesamt abwechslungsreicher.

Levels durchlaufen

Um das Spiel strukturierter zu gestalten und den Suchtfaktor weiter zu erhöhen, führen Sie am besten Levels ein, die die Spieler durchlaufen müssen. Jedes Level könnte eine bestimmte Anzahl von Sternen erfordern, die gesammelt werden müssen, um zum nächsten Level aufzusteigen. Mit jedem neuen Level könnten die Sterne schneller erscheinen, mehr Hindernisse könnten sich materialisieren oder die Anforderungen an die Punktzahl könnten steigen. Dies schafft ein Gefühl des Fortschritts und der Belohnung für die Spieler, da sie sehen können, wie sie sich durch die Levels arbeiten. Zusätzlich könnten Sie am Ende jedes Levels eine kurze Pause einlegen, in der die Spielerinnen ihre Punktzahl sehen, etwas trinken und sich auf das nächste Level vorbereiten können.

IN DIESEM KAPITEL

Python

JavaScript

Java

C/C++

C#

PHP

Go (Golang)

Rust

Kotlin

Swift

Ruby

Kapitel 14

Zehn häufige genutzte Programmiersprachen

In diesem Kapitel stelle ich Ihnen zehn häufig genutzte Programmiersprachen vor. Jede Sprache hat ihre eigenen Stärken und Anwendungsbereiche, und ich werde kurz erläutern, wofür sie sich jeweils am besten eignen.

Python

Python ist eine weit verbreitete Programmiersprache, die für ihre Lesbarkeit und Einfachheit bekannt ist. Sie wurde in den späten 1980er Jahren von Guido van Rossum entwickelt und 1991 veröffentlicht. Python unterstützt mehrere Programmierparadigmen, darunter objektorientierte (siehe Kapitel 16), prozedurale und funktionale Programmierung.

Python wird in vielen Bereichen eingesetzt, darunter Webentwicklung, Datenanalyse, Künstliche Intelligenz, wissenschaftliches Rechnen und Automatisierung. Die Sprache verfügt über eine umfangreiche Standardbibliothek und eine große Anzahl von Drittanbieter-Bibliotheken, die die Entwicklung von Anwendungen in den unterschiedlichsten Themenbereichen erleichtern.

Einige der Hauptmerkmale von Python sind:

- ✔ **Lesbarkeit:** Python legt großen Wert auf die Lesbarkeit des Codes, was die Wartung und Zusammenarbeit erleichtert.
- ✔ **Dynamische Typisierung:** Variablen in Python müssen nicht deklariert werden, was die Entwicklung beschleunigt. Aus Zeichenketten können Zahlen werden und umgekehrt.
- ✔ **Interaktive Shell:** Python bietet eine interaktive Umgebung, in der Entwickler Code ausprobieren und testen können.
- ✔ **Plattformunabhängigkeit:** Python-Code kann auf vielen verschiedenen Betriebssystemen ausgeführt werden, ohne dass Änderungen erforderlich sind.

Python hat eine große und aktive Gemeinschaft, die zur steten Weiterentwicklung von Bibliotheken, Frameworks und Tools beiträgt. Beliebte Frameworks wie Django und Flask werden häufig für die Webentwicklung verwendet, während Bibliotheken wie NumPy, pandas und TensorFlow in der Datenwissenschaft und maschinellem Lernen weit verbreitet sind.

Ein Hallo-Welt-Beispiel in Python sieht wie folgt aus:

```
print("Hallo, Welt!")
```

JavaScript

JavaScript ist die Sprache des Webs und wird hauptsächlich für die Entwicklung von interaktiven Webseiten und Webanwendungen genutzt. Sie ermöglicht es, dynamische Inhalte zu erstellen, die auf Benutzerinteraktionen reagieren, wie zum Beispiel das Klicken von Buttons oder das Ausfüllen von Formularen. JavaScript wird häufig in Kombination mit HTML und CSS verwendet (beispielsweise in diesem Buch …), um ansprechende und benutzerfreundliche Oberflächen zu gestalten. Darüber hinaus gibt es zahlreiche Frameworks und Bibliotheken wie React, Angular und Vue.js, die die Entwicklung von komplexen Webanwendungen erleichtern. Mit Node.js kann JavaScript auch auf der Server-Seite eingesetzt werden, was es zu einer vielseitigen Sprache für die gesamte Webentwicklung macht.

Einige der Hauptmerkmale von JavaScript sind:

- ✔ **Interaktivität:** JavaScript ermöglicht es, Webseiten interaktiv zu gestalten und auf Benutzeraktionen zu reagieren.
- ✔ **Ereignisgesteuerte Programmierung:** JavaScript basiert auf einem Ereignismodell, das die Reaktion auf Benutzeraktionen und andere Ereignisse erleichtert.

- **Dynamische Typisierung:** Variablen in JavaScript können verschiedene Datentypen annehmen, was die Flexibilität erhöht.
- **Breite Unterstützung:** JavaScript wird von allen modernen Webbrowsern unterstützt, was zu seiner hohen Verbreitung beiträgt.
- **Asynchrone Operationen:** JavaScript nutzt asynchrone Operationen, die es ermöglichen, Aufgaben im Hintergrund auszuführen, ohne die Benutzeroberfläche zu blockieren.

Ein Hallo-Welt-Beispiel in JavaScript sieht folgendermaßen aus:

```
console.log("Hallo, Welt!");
```

Java

Java ist eine weit verbreitete, objektorientierte Programmiersprache, die in den 1990er Jahren von Sun Microsystems (jetzt Teil von Oracle) entwickelt wurde. Dabei stand vor allem die Plattformunabhängigkeit im Vordergrund, was bedeutet, dass Java-Code auf verschiedenen Betriebssystemen ausgeführt werden kann, ohne dass Änderungen erforderlich sind. Java wird in vielen Bereichen eingesetzt, darunter Webentwicklung, mobile Anwendungen (insbesondere Android-Apps), Unternehmenssoftware und eingebettete Systeme. Die Sprache bietet eine umfangreiche Standardbibliothek und eine Vielzahl von Frameworks, die die Entwicklung von Anwendungen erleichtern.

Einige der Hauptmerkmale von Java sind:

- **Plattformunabhängigkeit:** Java-Code wird in Bytecode kompiliert, der auf jeder Java Virtual Machine (JVM) ausgeführt werden kann.
- **Objektorientierung:** Java ist stark objektorientiert, was die Wiederverwendbarkeit und Wartbarkeit des Codes fördert.
- **Automatische Speicherverwaltung:** Java verfügt über eine automatische Speicherbereinigung (Garbage Collection), die die Speicherverwaltung für Entwicklerinnen vereinfacht.
- **Multithreading:** Java unterstützt Multithreading, was die gleichzeitige Ausführung mehrerer Threads innerhalb einer Anwendung ermöglicht.

So sieht das Hallo-Welt-Beispiel in Java aus:

```
public class HalloWelt {
    public static void main(String[] args) {
        System.out.println("Hallo, Welt!");
    }
}
```

C++

C++ ist eine leistungsstarke, objektorientierte Programmiersprache, die bereits in den frühen 1980er Jahren von Bjarne Stroustrup als Erweiterung von C entwickelt wurde. Dabei ging es darum, die Effizienz und Leistungsfähigkeit von C beizubehalten und gleichzeitig objektorientierte Programmierkonzepte einzuführen. Die Sprache wird häufig in Systemsoftware, Spieleentwicklung, eingebetteten Systemen und Hochleistungsanwendungen eingesetzt.

Einige der Hauptmerkmale von C++ sind:

- ✔ **Objektorientierung:** C++ unterstützt Klassen und Objekte, was die Strukturierung und Wiederverwendbarkeit von Code erleichtert.
- ✔ **Leistung:** C++ bietet eine hohe Leistung und Effizienz, was es ideal für Anwendungen macht, die eine schnelle Ausführung erfordern.
- ✔ **Speicherverwaltung:** C++ ermöglicht eine manuelle Speicherverwaltung, was Entwickler mehr Kontrolle über die Ressourcennutzung gibt.
- ✔ **Standard Template Library (STL):** C++ verfügt über eine umfangreiche Standardbibliothek, die Datenstrukturen und Algorithmen bereitstellt, um die Entwicklung zu erleichtern.
- ✔ **Mehrparadigmen-Unterstützung:** C++ unterstützt sowohl prozedurale als auch objektorientierte und generische Programmierung.

So sagt C++ »Hallo Welt«:

```
#include <iostream>
int main() {
    std::cout << "Hallo, Welt!" << std::endl;
    return 0;
}
```

C#

C# (ausgesprochen C-Sharp, das ist die englische Bezeichnung für die Note Cis auf dem Klavier) ist eine moderne, objektorientierte Programmiersprache, die von Microsoft im Jahr 2000 als Teil der .NET-Plattform entwickelt wurde. C# erleichtert die Entwicklung von Windows-Anwendungen, Webanwendungen und Spielen erheblich. Die Sprache kombiniert Elemente aus C, C++ und Java und bietet eine Vielzahl von Funktionen, die das Entwickeln von Anwendungen effizienter und sicherer machen. C# wird in verschiedenen Bereichen eingesetzt, darunter der Entwicklung von Desktop-Anwendungen mit Windows Forms oder WPF, Webanwendungen mit ASP.NET und Spieleentwicklung mit Unity. Die Sprache verfügt über eine umfangreiche Standardbibliothek und wird kontinuierlich weiterentwickelt, um moderne Programmierparadigmen und -technologien zu unterstützen. Einige der Hauptmerkmale von C# sind:

- ✔ **Objektorientierung:** C# ist stark objektorientiert, was die Wiederverwendbarkeit und Wartbarkeit des Codes fördert.
- ✔ **Typensicherheit:** C# ist eine statisch typisierte Sprache, die viele Fehler zur Kompilierzeit erkennt und so die Zuverlässigkeit des Codes erhöht. Zeichenketten können nicht versehentlich zu Zahlen konvertiert werden, es ist immer eine explizite Umwandlung nötig.
- ✔ **LINQ (Language Integrated Query):** C# bietet integrierte Abfragefunktionen, die das Arbeiten mit Datenquellen wie Arrays, Listen und Datenbanken erleichtern.
- ✔ **Asynchrone Programmierung:** C# unterstützt asynchrone Programmierung mit den Schlüsselwörtern `async` und `await`, was das Arbeiten mit reaktionsfähigen Anwendungen erleichtert.

Ein Hallo-Welt-Beispiel in C# sieht wie folgt aus:

```
using System;
class HalloWelt {
    static void Main() {
        Console.WriteLine("Hallo, Welt!");
    }
}
```

PHP

PHP (»PHP Hypertext Preprocessor«) ist eine weit verbreitete serverseitige Skriptsprache, die hauptsächlich für die Webentwicklung verwendet wird. Sie wurde in den 1990er Jahren von Rasmus Lerdorf entwickelt und ist mittlerweile eine der beliebtesten Sprachen für die Erstellung dynamischer Webseiten und Webanwendungen. PHP kann in HTML eingebettet werden, was die Integration von serverseitigem Code in Webseiten erleichtert. PHP wird häufig in Kombination mit Datenbanken wie MySQL verwendet, um interaktive und datenbankgestützte Webseiten zu erstellen.

Einige der Hauptmerkmale von PHP sind:

- ✔ **Einfachheit:** PHP ist einfach zu erlernen und zu verwenden, was es zu einer guten Wahl für Anfängerinnen macht.
- ✔ **Serverseitige Verarbeitung:** PHP wird auf dem Server ausgeführt, was bedeutet, dass der Code nicht im Browser sichtbar ist.

- **Breite Unterstützung:** PHP wird von den meisten Webservern und Hosting-Anbietern unterstützt, was die Bereitstellung von PHP-Anwendungen erleichtert.
- **Große Gemeinschaft:** PHP hat eine aktive Gemeinschaft, die zahlreiche Bibliotheken, Frameworks (wie Laravel und Symfony) und Tools entwickelt, um die Entwicklung zu erleichtern.
- **Datenbankintegration:** PHP bietet integrierte Unterstützung für viele Datenbanksysteme, was die Entwicklung datenbankgestützter Anwendungen vereinfacht.

Hier ist ein Hallo-Welt-Beispiel in PHP:

```
<?php
echo "Hallo, Welt!";
?>
```

Go

Go, auch bekannt als Golang, ist eine von Google entwickelte Programmiersprache, die erstmals 2009 veröffentlicht wurde. Sie wurde von Robert Griesemer, Rob Pike und Ken Thompson entworfen und zielt darauf ab, eine einfache, effiziente und zuverlässige Sprache für die Systemprogrammierung und das Entwickeln von verteilten Systemen zu bieten. Go legt großen Wert auf Lesbarkeit, Einfachheit und Leistung. Go wird häufig für die Entwicklung von Webservern, Netzwerkanwendungen, Cloud-Diensten und Container-Orchestrierungstools wie Kubernetes verwendet. Die Sprache bietet eine starke Unterstützung für Nebenläufigkeit durch Goroutinen und Kanäle, was die Entwicklung von skalierbaren Anwendungen erleichtert. Einige der Hauptmerkmale von Go sind:

- **Einfachheit:** Go hat eine klare und prägnante Syntax, die die Lesbarkeit und Wartbarkeit des Codes verbessert.
- **Nebenläufigkeit:** Go bietet eingebaute Unterstützung für Nebenläufigkeit durch sogenannte Goroutinen und Kanäle, die die Entwicklung von parallelen Anwendungen erleichtern.
- **Leistung:** Go ist eine kompilierte Sprache, die eine hohe Leistung bietet, vergleichbar mit C und C++.
- **Garbage Collection:** Go verfügt über eine automatische Speicherverwaltung, die Entwickler hilft, Speicherlecks zu vermeiden.
- **Starke Standardbibliothek:** Go bietet eine umfangreiche Standardbibliothek, die viele nützliche Funktionen und Pakete für die Entwicklung von Anwendungen bereitstellt.

Ein Hallo-Welt-Beispiel in Go sieht so aus:

```
package main

import "fmt"

func main() {
    fmt.Println("Hallo, Welt!")
}
```

Kotlin

Kotlin ist eine moderne, statisch typisierte Programmiersprache, die von JetBrains entwickelt und erstmals 2011 veröffentlicht wurde. Ziel war dabei, interoperabel mit Java zu sein, jedoch eine prägnantere und ausdrucksstärkere Syntax zu bieten. Kotlin wurde schnell bei Android-Entwicklerinnen und -Entwickliern populär und ist seit 2017 von Google als offizielle Sprache für die Android-Plattform anerkannt. Kotlin wird in verschiedenen Bereichen eingesetzt, darunter mobile Anwendungen, Webentwicklung, Serveranwendungen und mehr. Einige der Hauptmerkmale von Kotlin sind:

- ✔ **Interoperabilität mit Java:** Kotlin kann nahtlos mit Java-Code zusammenarbeiten, was die Integration in bestehende Projekte erleichtert.
- ✔ **Prägnante Syntax:** Kotlin bietet eine klarere und kürzere Syntax im Vergleich zu Java, was die Lesbarkeit und Wartbarkeit des Codes verbessert.
- ✔ **Null-Sicherheit:** Kotlin verfügt über ein robustes Typsystem, das Nullzeiger-Ausnahmen minimiert und die Sicherheit des Codes erhöht.
- ✔ **Funktionale Programmierung:** Kotlin unterstützt funktionale Programmierkonzepte wie Lambdas, Higher-Order-Funktionen und unveränderliche Datenstrukturen.
- ✔ **Coroutinen:** Kotlin bietet eingebaute Unterstützung für Coroutinen, die die Entwicklung von asynchronem und nebenläufigem Code erleichtern.

»Hallo, Welt!« in Kotlin geht so:

```
fun main() {
    println("Hallo, Welt!")
}
```

Swift

Swift ist eine leistungsstarke und intuitive Programmiersprache, die Apple im Jahr 2014 auf den Markt gebracht hat. Sie dient dazu, das Entwickeln von Anwendungen für iOS, macOS, watchOS und tvOS zu vereinfachen und zu beschleunigen. Swift kombiniert moderne Programmierkonzepte mit einer benutzerfreundlichen Syntax, die sowohl für Anfänger als auch für erfahrene Entwicklerinnen zugänglich ist. Swift bietet eine Vielzahl von Funktionen, die die Entwicklung effizienter und sicherer machen. Die Sprache unterstützt sowohl objektorientierte als auch funktionale Programmierparadigmen und legt großen Wert auf Leistung und Sicherheit. Swift wird kontinuierlich weiterentwickelt, um moderne Programmierparadigmen und -technologien zu übernehmen. Einige der Hauptmerkmale von Swift sind:

- ✔ **Sicherheit:** Swift wurde entwickelt, um häufige Programmierfehler zu vermeiden, indem es strenge Typüberprüfungen und optionale Typen verwendet.
- ✔ **Leistung:** Swift ist auf Geschwindigkeit optimiert und bietet eine hohe Leistung, die mit der von C++ vergleichbar ist.
- ✔ **Moderne Syntax:** Swift verfügt über eine klare und prägnante Syntax, die die Lesbarkeit und Wartbarkeit des Codes verbessert.
- ✔ **Interoperabilität mit Objective-C:** Swift kann nahtlos mit Objective-C-Code zusammenarbeiten, was die Integration in bestehende Projekte erleichtert.
- ✔ **Playgrounds:** Swift bietet eine interaktive Entwicklungsumgebung namens Playgrounds, die es Entwicklerinnen ermöglicht, Code in Echtzeit zu schreiben und zu testen.

Ein Hallo-Welt-Beispiel in Swift sieht wie folgendermaßen aus:

```
print("Hallo, Welt!")
```

Ruby

Ruby ist eine dynamische, objektorientierte Programmiersprache, die in den 1990er Jahren von Yukihiro »Matz« Matsumoto entwickelt wurde. Sie wurde mit dem Ziel entworfen, eine einfache und produktive Sprache zu schaffen, die sowohl für Anfänger als auch für erfahrene Entwicklerinnen zugänglich ist. Ruby legt großen Wert auf Lesbarkeit und Eleganz des Codes. Ruby wird häufig für Webentwicklung, Automatisierung, Datenverarbeitung und als Skriptsprache verwendet. Eines der bekanntesten Frameworks, das in Ruby geschrieben wurde, ist Ruby on Rails, das die Entwicklung von Webanwendungen erheblich vereinfacht und beschleunigt.

Einige der Hauptmerkmale von Ruby sind:

- ✔ **Objektorientierung:** In Ruby ist alles ein Objekt, was die Konsistenz und Flexibilität der Sprache erhöht.
- ✔ **Dynamische Typisierung:** Variablen in Ruby müssen nicht deklariert werden, was die Entwicklung beschleunigt.
- ✔ **Metaprogrammierung:** Ruby unterstützt Metaprogrammierung, was es ermöglicht, Code zu schreiben, der anderen Code generiert oder modifiziert.

- **Große Standardbibliothek:** Ruby verfügt über eine umfangreiche Standardbibliothek, die viele nützliche Funktionen und Klassen bereitstellt.
- **Gemeinschaft und Ökosystem:** Ruby hat eine aktive Gemeinschaft, die zahlreiche Bibliotheken (Gems) und Frameworks entwickelt, um die Entwicklung zu erleichtern.

So sagen Sie »Hallo, Welt!« auf Ruby – noch kürzer geht es kaum:

```
puts "Hallo, Welt!"
```

IN DIESEM KAPITEL

- Stack Overflow
- GitHub
- LinkedIn Learning
- MDN Web Docs
- CodeWars
- freeCodeCamp
- Codecademy
- W3Schools
- LeetCode
- Coursera
- ChatGPT, Claude.ai und andere KI-Tools

Kapitel 15
Zehn Ressourcen, die Ihnen beim Programmieren helfen können

In diesem Kapitel stelle ich Ihnen zehn nützliche Ressourcen vor, die Ihnen beim Programmieren helfen können.

Diese Ressourcen sind wertvolle Werkzeuge für Entwickler, um ihre Programmierkenntnisse zu erweitern, Probleme zu lösen und sich mit der Entwicklergemeinschaft zu vernetzen.

Stack Overflow

Stack Overflow ist eine Frage-und-Antwort-Website für Programmiererinnen, auf der Fragen zu verschiedenen Programmierproblemen gestellt und beantwortet werden. Es ist eine der größten und aktivsten Gemeinschaften für Programmierer weltweit.

Viele Entwickler nutzen Stack Overflow, um Lösungen für spezifische Programmierprobleme zu finden oder ihr Wissen mit anderen zu teilen. Bevor es Künstliche Intelligenz gab, war Stack Overflow oft die erste Anlaufstelle für Entwicklerinnen, die auf Probleme stießen.

`https://stackoverflow.com`

GitHub

GitHub ist eine Plattform für die Versionskontrolle und Zusammenarbeit an Softwareprojekten. Entwickler können dort ihre Code-Repositories hosten, gemeinsam an Projekten arbeiten und die jeweiligen Fortschritte verfolgen. GitHub bietet auch Funktionen wie das Melden von Fehlern oder Problemen (Issues), das Mitarbeiten am Code über Pull Requests und Wikis zur Dokumentation von Software-Projekten. Sie finden auf GitHub unzählige Open-Source-Projekte, von denen Sie lernen oder zu denen Sie beitragen können.

`https://github.com`

LinkedIn Learning

LinkedIn Learning ist eine Online-Lernplattform, die eine Vielzahl von Kursen zu Programmierung und Technologie anbietet. Die Plattform bietet sowohl kostenlose als auch kostenpflichtige Kurse mit Zertifikaten an. Der Autor dieses Buch hat hier selbst schon Kurse veröffentlicht.

`https://www.linkedin.com/learning`

MDN Web Docs

MDN Web Docs ist eine umfassende Ressource für Webentwicklerinnen mit Dokumentationen, Tutorials und Beispielen zu Webtechnologien. Die Inhalte werden von Mozilla gepflegt und sind für Entwickler aller Erfahrungsstufen geeignet. Mozilla ist übrigens auch der Hersteller des beliebten Firefox-Browsers.

`https://developer.mozilla.org`

CodeWars

CodeWars ist eine Plattform, die Programmierherausforderungen in Form von *Katas* anbietet, mit denen sich die eigenen Programmierfähigkeiten verbessern lassen. Entwickler können an Herausforderungen in verschiedenen Programmiersprachen teilnehmen, Highscorelisten stürmen und sich natürlich auch austauschen.

`https://www.codewars.com`

freeCodeCamp

freeCodeCamp ist eine gemeinnützige Organisation, die kostenlose Programmierkurse und Lernressourcen anbietet. Die Plattform bietet interaktive Tutorials, Projekte und Zertifizierungen in verschiedenen Programmiersprachen und Webentwicklungstechnologien.

`https://www.freecodecamp.org`

Codecademy

Codecademy ist eine Online-Lernplattform, die interaktive Programmierkurse in verschiedenen Sprachen und Technologien anbietet. Die Plattform bietet praktische Übungen und Projekte, um das Gelernte anzuwenden.

`https://www.codecademy.com`

W3Schools

W3Schools ist eine Website, die Tutorials und Referenzen zu Webentwicklungstechnologien wie HTML, CSS, JavaScript und mehr bietet. Die Plattform ist besonders für Anfänger geeignet und bietet interaktive Beispiele und Übungen.

`https://www.w3schools.com`

LeetCode

LeetCode ist eine Plattform, die Programmieraufgaben und Herausforderungen anbietet, um Programmierfähigkeiten zu verbessern (»leet« bedeutet in der Nerdkultur so viel wie »Elite«). Die Plattform ist besonders beliebt bei Entwickler, die sich auf technische Vorstellungsgespräche vorbereiten möchten.

`https://leetcode.com`

Coursera

Coursera ist eine Online-Lernplattform, die Kurse von Universitäten und Unternehmen zu verschiedenen Programmier- und Technologie-Themen anbietet. Die Plattform bietet sowohl kostenlose als auch kostenpflichtige Kurse mit Zertifikaten an.

`https://www.coursera.org`

ChatGPT, Claude.ai und andere KI-Tools

KI-gestützte Tools wie ChatGPT oder Claude.ai können Entwicklern helfen, indem sie Codebeispiele generieren, Programmierkonzepte erklären und bei der Fehlersuche unterstützen. Diese Tools fungieren als virtuelle Assistenten, die Entwicklerinnen bei der Lösung von Problemen und der Verbesserung ihrer Programmierfähigkeiten unterstützen. Besonders einfach ist die Integration von GitHub Copilot in VS Code, womit Sie direkt beim Programmieren Vorschläge erhalten.

`https://chat.openai.com`

`https://www.claude.ai`

`https://github.com/copilot`

IN DIESEM KAPITEL

Objektorientierte Programmierung (OOP)

Algorithmus

API

Framework

Versionierung

Debugging

Compiler

Refactoring

Tests

Build-Tools

Kapitel 16

Zehn Begriffe rund ums Programmieren

In diesem Kapitel erkläre ich Ihnen zehn wichtige Begriffe rund ums Programmieren. Diese Begriffe werden Ihnen immer wieder begegnen, wenn Sie sich mit Softwareentwicklung beschäftigen (und tauchen auch in diesem Buch ziemlich häufig auf). Ein grundlegendes Verständnis dieser Konzepte wird Ihnen helfen, die Welt der Programmierung besser zu verstehen und sich in ihr zurechtzufinden.

Objektorientierte Programmierung (OOP)

Objektorientierte Programmierung (OOP) ist ein Programmierparadigma, das auf dem Konzept von *Objekten* basiert. Man versucht dadurch, die reale Welt in der Softwareentwicklung besser abzubilden. Es gibt Objekte wie zum Beispiel *Auto*, *Mensch* oder *Raumschiff*, die bestimmte Eigenschaften (Attribute) und Verhaltensweisen (Methoden) besitzen.

OOP fördert die Modularität, Wiederverwendbarkeit und Wartbarkeit von Code, indem es Programme in kleinere, überschaubare Einheiten unterteilt.

Grundprinzipien der OOP

Die objektorientierte Programmierung basiert auf vier Hauptprinzipien:

- ✔ **Kapselung (Encapsulation):** Kapselung bezieht sich auf die Bündelung von Daten und Methoden, die auf diese Daten zugreifen, in einer einzigen Einheit oder Klasse. Dies schützt die Daten vor unbefugtem Zugriff und Manipulation von außen.
- ✔ **Abstraktion (Abstraction):** Abstraktion bedeutet, dass nur die relevanten Eigenschaften und Methoden eines Objekts sichtbar gemacht werden, während die komplexeren Details verborgen bleiben. Dies erleichtert die Interaktion mit dem Objekt, ohne sich um die internen Implementierungsdetails kümmern zu müssen.
- ✔ **Vererbung (Inheritance):** Vererbung ermöglicht es, neue Klassen zu erstellen, die Eigenschaften und Methoden von bestehenden Klassen erben. Dies fördert die Wiederverwendbarkeit von Code und ermöglicht die Erstellung von Hierarchien von Klassen.
- ✔ **Polymorphismus (Polymorphism):** Polymorphismus erlaubt es, dass unterschiedliche Klassen auf die gleiche Methode unterschiedlich reagieren können. Dies ermöglicht flexible und erweiterbare Code-Strukturen.

Vorteile der OOP

Die objektorientierte Programmierung bietet unter anderem die folgenden Vorteile:

- ✔ **Wiederverwendbarkeit:** Durch die Verwendung von Klassen und Vererbung kann Code mehrfach verwendet werden, was die Entwicklung beschleunigt und Fehler reduziert.
- ✔ **Wartbarkeit:** OOP erleichtert die Wartung und Aktualisierung von Software, da Änderungen an einer Klasse automatisch auf alle Instanzen (»Auftritte«) dieser Klasse angewendet werden.
- ✔ **Modularität:** OOP fördert die Modularität, da Programme in kleinere, überschaubare Einheiten (Klassen) unterteilt werden können.
- ✔ **Realitätsnahe Modellierung:** OOP ermöglicht die Modellierung von realen Objekten und deren Beziehungen, was die Verständlichkeit des Codes verbessert.

Beispiel

Hier ist ein einfaches Beispiel, das die Konzepte der OOP veranschaulicht:

```
class Fahrzeug {
 constructor(marke, modell) {
   this.marke = marke;
```

```
    this.modell = modell;
  }

  fahren() {
    console.log('${this.marke} ${this.modell} fährt.');
  }
}

class Auto extends Fahrzeug {
  hupen() {
    console.log('${this.marke} ${this.modell} hupt.');
  }
}

const meinAuto = new Auto("VW", "Käfer");
meinAuto.fahren(); // Ausgabe: VW Käfer fährt.
meinAuto.hupen();  // Ausgabe: VW Käfer hupt.
```

In diesem Beispiel definiert die Klasse `Fahrzeug` eine allgemeine Struktur für Fahrzeuge mit einer Methode zum Fahren. Die Klasse `Auto` erbt von `Fahrzeug` und fügt eine spezifische Methode zum Hupen hinzu. Das Beispiel zeigt die Wiederverwendbarkeit und Erweiterbarkeit des Codes.

Algorithmus

Ein Algorithmus ist eine eindeutige, endliche Abfolge von Anweisungen oder Schritten, die dazu dienen, ein bestimmtes Problem zu lösen oder eine bestimmte Aufgabe auszuführen. Algorithmen sind die Grundlage der Informatik und treten in den verschiedensten Bereichen auf, von der Datenverarbeitung bis hin zur Künstlichen Intelligenz.

Eigenschaften eines Algorithmus

Ein Algorithmus sollte folgende Eigenschaften besitzen:

- ✔ **Eindeutigkeit:** Jeder Schritt des Algorithmus muss klar und unmissverständlich definiert sein.
- ✔ **Endlichkeit:** Der Algorithmus muss nach einer endlichen Anzahl von Schritten zum Abschluss kommen.
- ✔ **Eingaben:** Ein Algorithmus kann null oder mehr Eingaben haben, die zur Verarbeitung verwendet werden.
- ✔ **Ausgaben:** Ein Algorithmus muss mindestens eine Ausgabe erzeugen, die das Ergebnis der Verarbeitung darstellt.
- ✔ **Determinismus:** Für dieselben Eingaben muss der Algorithmus immer dasselbe Ergebnis liefern.

Beispiel

Hier ist ein einfaches Beispiel für einen Algorithmus, der die Summe der ersten n natürlichen Zahlen berechnet:

```
1. Eingabe: n (eine natürliche Zahl)
2. Setze summe = 0
3. Für i von 1 bis n:
    summe = summe + i
4. Ausgabe: summe
```

In diesem Beispiel nimmt der Algorithmus eine natürliche Zahl n als Eingabe und berechnet die Summe der Zahlen von 1 bis n, indem er eine Schleife verwendet, um jede Zahl zur bereits berechneten Summe addieren. Am Ende gibt er die berechnete Gesamtsumme als Ausgabe zurück.

Berühmte Algorithmen

Es gibt viele berühmte Algorithmen in der Informatik, die in verschiedenen Anwendungen verwendet werden und sich unterschiedlichen Arten von Algorithmen zuordnen lassen. Einige Beispiele sind:

- ✔ **Sortieralgorithmen:** wie der Quicksort-Algorithmus und der Mergesort-Algorithmus, die verwendet werden, um Daten zu sortieren,
- ✔ **Suchalgorithmen:** wie der binäre Suchalgorithmus, der verwendet wird, um Elemente in einer sortierten Liste zu finden,
- ✔ **Graphenalgorithmen:** wie der Dijkstra-Algorithmus, der verwendet wird, um den kürzesten Pfad in einem Graphen zu finden, zum Beispiel in Navigationssystemen,
- ✔ **Kryptografische Algorithmen:** wie der RSA-Algorithmus, der in der sicheren Datenübertragung verwendet wird,
- ✔ **Maschinelles Lernen:** wie der Algorithmus k-NN (k-Nearest Neighbors), der in Klassifikationsaufgaben eingesetzt wird.

Diese Algorithmen sind grundlegende Werkzeuge in der Informatik und werden in vielen wesentlichen Anwendungen eingesetzt, von Datenbanken bis hin zu Netzwerken und Künstlicher Intelligenz. Es fällt schwer, sich Computerprogramme ohne Algorithmus vorzustellen.

API - Application Programming Interface

Eine API (Application Programming Interface) ist eine Sammlung von Definitionen und Protokollen, die es verschiedenen Softwareanwendungen ermöglichen, miteinander zu kommunizieren. APIs definieren, wie Anfragen gestellt und Antworten empfangen werden, wodurch Entwickler auf Funktionen und Daten anderer Softwarekomponenten zugreifen können, ohne deren interne Implementierung verstehen zu müssen.

Arten von APIs

Es gibt verschiedene Arten von APIs, darunter:

- ✔ **Web-APIs:** Diese APIs ermöglichen die Kommunikation zwischen Webanwendungen über das Internet, oft unter Verwendung von HTTP(S)-Protokollen. Beispiele sind RESTful APIs und SOAP APIs.
- ✔ **Bibliotheks-APIs:** Diese APIs bieten Funktionen und Methoden, die in Softwarebibliotheken enthalten sind, um Zugriff auf bestimmte Funktionen zu erleichtern.
- ✔ **Betriebssystem-APIs:** Diese APIs ermöglichen es Anwendungen, mit dem Betriebssystem zu interagieren, zum Beispiel um auf Dateisysteme oder Hardwarekomponenten zuzugreifen.

Vorteile von APIs

APIs bieten mehrere Vorteile:

- ✔ **Wiederverwendbarkeit:** APIs ermöglichen es, bestehende Funktionen und Dienste wiederzuverwenden, was die Entwicklungszeit verkürzt.
- ✔ **Abstraktion:** APIs verbergen die Komplexität der internen Implementierung und bieten eine einfache Schnittstelle für Entwicklerinnen.
- ✔ **Skalierbarkeit:** APIs ermöglichen es, Anwendungen modular zu gestalten, was die Skalierbarkeit und Wartbarkeit verbessert.

Beispiel

Ein einfaches Beispiel für eine Web-API ist die folgende RESTful API, die Wetterdaten bereitstellt. Mit ihrer Hilfe kann man eine Anfrage an die API senden, um das aktuelle Wetter für eine bestimmte Stadt zu erhalten:

```
GET /weather?city=Stuttgart HTTP/1.1
Host: api.weather.com
```

Die API antwortet mit den Wetterdaten im JSON-Format:

```
{
    "city": "Stuttgart",
    "temperature": "15°C",
    "condition": "Cloudy"
}
```

In diesem Beispiel ermöglicht es die API, Wetterdaten abzurufen, ohne sich um die internen Details der Wetterdatenverarbeitung kümmern zu müssen. Das Format der Antwort ist JSON, ein weit verbreitetes API-Format, das wir auch schon zum Speichern unserer Bestenliste benutzt haben.

Bekannte APIs

Es gibt viele bekannte APIs, die in der Softwareentwicklung weit verbreitet sind, darunter:

- **Google Maps API:** Ermöglicht die Integration von Karten und Standortdiensten in Anwendungen.
- **Wetter.com API:** Bietet Zugriff auf aktuelle Wetterdaten und Vorhersagen.
- **Bahn API:** Ermöglicht den Zugriff auf Fahrplandaten und Buchungsdienste der Deutschen Bahn.

Diese APIs sind wichtige Werkzeuge für Entwicklerinnen und tragen zur Schaffung vielfältiger und interaktiver Anwendungen bei.

Framework

Ein Framework ist eine Art wiederverwendbares Gerüst, das Entwickler eine strukturierte Umgebung und vordefinierte Komponenten bietet, um Anwendungen effizient zu erstellen. Frameworks enthalten oft Bibliotheken, Werkzeuge und Best Practices, die den Entwicklungsprozess beschleunigen und standardisieren.

Arten von Frameworks

Es gibt verschiedene Arten von Frameworks, darunter:

- **Web-Frameworks:** Diese Frameworks unterstützen die Entwicklung von Webanwendungen. Beispiele sind Django (Python), Ruby on Rails (Ruby) und Laravel (PHP).
- **Frontend-Frameworks:** Diese Frameworks helfen bei der Gestaltung und Entwicklung von Benutzeroberflächen. Beispiele sind React, Angular und Vue.js.
- **Backend-Frameworks:** Diese Frameworks konzentrieren sich auf die serverseitige Entwicklung. Beispiele sind Express.js (Node.js) und Spring (Java).
- **Mobile Frameworks:** Diese Frameworks unterstützen die Entwicklung von mobilen Anwendungen. Beispiele sind React Native und Flutter.

Vorteile von Frameworks

Frameworks haben beispielsweise die folgenden Vorteile:

- **Schnellere Entwicklung:** Frameworks bieten vorgefertigte Komponenten und Werkzeuge, die den Entwicklungsprozess beschleunigen.

- **Standardisierung:** Frameworks fördern die Einhaltung von Best Practices und Standards, was die Wartbarkeit des Codes verbessert.
- **Wiederverwendbarkeit:** Frameworks ermöglichen die Wiederverwendung von Code und Komponenten, was die Effizienz steigert.
- **Community-Unterstützung:** Viele Frameworks haben große Communitys, die Unterstützung sowie Plugins und Erweiterungen bieten.

Beispiel

Ein einfaches Beispiel für die Verwendung eines Web-Frameworks ist die folgende einfache Webanwendung mithilfe von Express.js, einem JavaScript-basierten Framework:

```
const express = require('express');
const app = express();
const port = 3000;

app.get('/', (req, res) => {
   res.send('Hello, World!');
});

app.listen(port, () => {
   console.log(`Server läuft auf http://localhost:${port}`);
});
```

In diesem Beispiel wird eine einfache Webanwendung erstellt, die »Hello, World!« anzeigt, wenn die Startseite aufgerufen wird. Express.js bietet grundlegende Werkzeuge und Strukturen, um Webanwendungen schnell aufzusetzen.

Bekannte Frameworks

Es gibt viele bekannte Frameworks für die Softwareentwicklung, darunter

- **Django:** ein leistungsstarkes Web-Framework für Python, das die schnelle Entwicklung von sicheren und wartbaren Websites ermöglicht,
- **React:** ein populäres JavaScript-Framework für den Aufbau von Benutzeroberflächen, das von Facebook entwickelt wurde,
- **Spring:** ein umfassendes Framework für die Entwicklung von Java-Anwendungen, das eine Vielzahl von Modulen für verschiedene Anwendungsbereiche bietet.

Diese Frameworks sind wichtige Werkzeuge für Entwicklerinnen und tragen zur Schaffung effizienter und skalierbarer Anwendungen bei.

Versionierung

Versionierung, auch bekannt als Versionskontrolle oder Quellcodeverwaltung, ist der Prozess der Verwaltung und Nachverfolgung von Änderungen an Dateien, insbesondere an Quellcode in der Softwareentwicklung. Versionierungssysteme ermöglichen es Entwickler, verschiedene Versionen ihres Codes zu speichern, Änderungen nachzuvollziehen und bei Bedarf zu früheren Versionen zurückzukehren.

Arten von Versionierungssystemen

Es gibt zwei Hauptarten von Versionierungssystemen:

- **Zentrale Versionskontrollsysteme:** In zentralen Systemen gibt es einen zentralen Server, der alle Versionen des Codes speichert. Entwicklerinnen checken den Code aus dem zentralen Repository aus, nehmen Änderungen vor und checken ihn wieder ein. Ein bekanntes Beispiel ist Subversion (SVN).
- **Verteilte Versionskontrollsysteme:** In verteilten Systemen hat jeder Entwickler eine vollständige Kopie des gesamten Repositorys auf dem eigenen lokalen Computer. Änderungen können lokal vorgenommen und später mit dem zentralen Repository synchronisiert werden. Ein bekanntes Beispiel ist Git.

Ein einfaches Beispiel für ein verteiltes Versionskontrollsystem ist Git:

```
# Initialisiere ein neues Git-Repository
git init
```

In diesem Beispiel wird ein neues Git-Repository in einem Verzeichnis initialisiert, wodurch die Versionierung für die darin enthaltenen Dateien aktiviert wird.

Vorteile der Versionierung

Versionierung bietet mehrere Vorteile:

- **Nachverfolgbarkeit:** Änderungen am Code können nachvollzogen werden, einschließlich wer die Änderungen vorgenommen hat und warum.
- **Zusammenarbeit:** Mehrere Entwickler können gleichzeitig am selben Projekt arbeiten, ohne sich gegenseitig zu behindern.
- **Sicherung:** Frühere Versionen des Codes können wiederhergestellt werden, falls Fehler auftreten oder Änderungen rückgängig gemacht werden müssen.
- **Branching und Merging:** Entwicklerinnen können separate Entwicklungszweige erstellen, um neue Funktionen zu testen, bevor diese in den Hauptcode integriert werden.

Bekannte Versionierungssysteme

Es gibt viele bekannte Versionierungssysteme, die in der Softwareentwicklung weit verbreitet sind, darunter:

- ✔ **Git:** Ein verteiltes Versionskontrollsystem, das von Linus Torvalds entwickelt wurde und heute das am weitesten verbreitete System dieser Art ist.
- ✔ **Subversion (SVN):** Ein zentrales Versionskontrollsystem, das in vielen Unternehmen verwendet wird.
- ✔ **Mercurial:** Ein weiteres verteiltes Versionskontrollsystem, das für seine Einfachheit und Leistung bekannt ist.

Diese Versionierungssysteme sind wichtige Werkzeuge für Entwicklerinnen und tragen zur effizienten Verwaltung von Softwareprojekten bei.

Debugging

Debugging ist der Prozess der Identifizierung, Analyse und Behebung von Fehlern oder Problemen in einem Softwareprogramm. Es ist ein wesentlicher Bestandteil des Softwareentwicklungszyklus und hilft sicherzustellen, dass Programme korrekt funktionieren und den Anforderungen entsprechen.

Schritte im Debugging-Prozess

Der Debugging-Prozess umfasst mehrere Schritte:

- ✔ **Fehlererkennung:** Der erste Schritt besteht darin, den Fehler zu identifizieren. Dies kann durch Tests, Benutzerberichte oder automatisierte Überwachung erfolgen.
- ✔ **Fehleranalyse:** Sobald der Fehler erkannt wurde, muss die Ursache analysiert werden. Dies kann das Überprüfen von Code und Log-Dateien sowie den Einsatz von Debugging-Tools umfassen.
- ✔ **Fehlerbehebung:** Nach der Analyse wird der Fehler behoben, indem der fehlerhafte Code korrigiert oder angepasst wird.
- ✔ **Testen:** Nach der Behebung des Fehlers muss das Programm erneut getestet werden, um sicherzustellen, dass der Fehler tatsächlich behoben wurde und keine neuen Probleme entstanden sind.
- ✔ **Dokumentation:** Schließlich sollten die durchgeführten Änderungen dokumentiert werden, um zukünftige Debugging-Prozesse zu erleichtern.

Debugging-Tools

Es gibt verschiedene Tools, die beim Debugging helfen können:

- ✔ **Debugger:** Spezielle Software, die es Entwickler ermöglicht, den Code Schritt für Schritt auszuführen, Variablenwerte zu überwachen und den Programmmfluss zu kontrollieren.
- ✔ **Log-Dateien:** Protokolle, die Informationen über die Programmausführung enthalten und bei der Fehleranalyse helfen können.
- ✔ **Profiling-Tools:** Werkzeuge, die die Leistung eines Programms analysieren und Engpässe identifizieren.

Best Practices im Debugging

Um den Debugging-Prozess effektiv zu gestalten, sollten Entwickler einige Best Practices beachten:

- ✔ **Kleine Änderungen vornehmen:** Änderungen sollten schrittweise vorgenommen werden, um die Ursache von Fehlern leichter identifizieren zu können.
- ✔ **Versionierung verwenden:** Die Verwendung von Versionskontrollsystemen ermöglicht es, Änderungen nachzuverfolgen und bei Bedarf zu früheren, noch funktionsfähigen Versionen zurückzukehren.
- ✔ **Automatisierte Tests:** Das Einrichten automatisierter Tests kann helfen, Fehler frühzeitig zu erkennen und die Stabilität des Codes zu gewährleisten.
- ✔ **Kollaboration:** Die Zusammenarbeit mit anderen Entwicklerinnen kann neue Perspektiven bieten und bei der Fehlerlösung helfen.

Beispiel

Ein einfaches Beispiel für Debugging in JavaScript ist die folgende Verwendung des Browser-Entwicklertools 'console.log':

```
function divide(a, b) {
    console.log('Eingabewerte:', a, b);
    if (b === 0) {
        console.error('Fehler: Division durch null!');
        debugger; // Pausiert hier in den Entwicklertools
        return null;
    }
    return a / b;
}
```

```
let result = divide(10, 0);
console.log('Ergebnis:', result);
```

In diesem Beispiel wird 'console.log' verwendet, um Eingabewerte zu protokollieren, und 'console.error', um einen Fehler anzuzeigen. Das 'debugger'-Statement pausiert die Ausführung, sodass man den Zustand des Programms untersuchen kann.

Debugging ist ein unverzichtbarer Prozess in der Softwareentwicklung, der dazu beiträgt, qualitativ hochwertige und zuverlässige Software zu erstellen. Durch den Einsatz effektiver Debugging-Techniken und -Tools können Entwickler Fehler schnell identifizieren und beheben, was letztendlich zu besseren Softwareprodukten führt.

Compiler

Ein Compiler ist ein Computerprogramm, das Quellcode, der in einer Programmiersprache geschrieben wurde, in Maschinencode oder eine andere ausführbare Form übersetzt. Diese Übersetzung ermöglicht es dem Computer, die Anweisungen des Programms direkt auszuführen. Compiler sind ein wesentlicher Bestandteil der Softwareentwicklung, da sie den Übergang von menschenlesbarem Code zu maschinenlesbarem Code ermöglichen.

Funktionsweise eines Compilers

Der Compiler durchläuft mehrere Phasen, um den Quellcode in ausführbaren Code zu übersetzen:

- ✔ **Lexikalische Analyse:** In dieser Phase wird der Quellcode in kleinere Einheiten, sogenannte Tokens, zerlegt. Diese Tokens repräsentieren Schlüsselwörter, Operatoren, Bezeichner und andere grundlegende Elemente der Programmiersprache.
- ✔ **Syntaxanalyse:** Der Compiler überprüft die Struktur des Codes anhand der Grammatikregeln der Programmiersprache. Dabei wird ein Syntaxbaum erstellt, der die hierarchische Struktur des Programms darstellt.
- ✔ **Semantische Analyse:** In dieser Phase wird überprüft, ob die Anweisungen des Programms sinnvoll sind. Der Compiler stellt sicher, dass Variablen deklariert wurden, Datentypen korrekt verwendet werden und andere semantische Regeln eingehalten sind.
- ✔ **Optimierung:** Der Compiler optimiert den Code, um die Leistung zu verbessern. Dies kann die Reduzierung von Redundanzen, die Verbesserung der Speicherverwaltung und andere Optimierungen umfassen.
- ✔ **Codegenerierung:** Schließlich wird der optimierte Code in Maschinencode oder eine andere ausführbare Form übersetzt, die der Computer versteht.

Beispiel

Hier ist ein einfaches Beispiel, das den Unterschied zwischen Quellcode und dem von einem Compiler erzeugten Maschinencode veranschaulicht. Angenommen, wir haben folgenden Quellcode in C:

```
#include <stdio.h>
int main() {
    printf("Hello, World!\n");
    return 0;
}
```

Ein Compiler würde diesen Code in eine Reihe von Maschinencode-Anweisungen übersetzen, die vom Computer ausgeführt werden können. Der genaue Maschinencode hängt von der Zielarchitektur ab, aber er könnte in etwa so aussehen (in einer hypothetischen Assemblersprache dargestellt):

```
MOV R0, #0
LDR R1, =message
BL printf
MOV R0, #0
BX LR
message: .asciz "Hello, World!\n"
```

Bekannte Compiler

Es gibt viele bekannte Compiler, die für verschiedene Programmiersprachen verwendet werden. Einige Beispiele sind:

- ✔ **GCC (GNU Compiler Collection):** Ein weit verbreiteter Compiler, der mehrere Programmiersprachen wie C, C++ und Fortran unterstützt.
- ✔ **Clang:** Ein moderner Compiler für C, C++ und Objective-C, der auf der LLVM-Infrastruktur basiert.
- ✔ **javac:** Der Compiler für die Programmiersprache Java, der Java-Quellcode in Bytecode übersetzt, der von der Java Virtual Machine (JVM) ausgeführt werden kann.

Alternative: Interpretersprachen

Im Gegensatz zu Compilern gibt es auch Interpreter, die den Quellcode erst dann interpretieren, wenn er ausgeführt wird. Beispiele für interpretierte Sprachen sind Python und JavaScript. Hier wird der Quellcode nicht in eine ausführbare Datei compiliert, sondern direkt zur Laufzeit interpretiert. Dies ermöglicht eine schnellere Entwicklung und einfachere Fehlersuche, kann jedoch zu einer geringeren Leistung führen im Vergleich zu kompilierten Sprachen.

Refactoring

Refactoring ist der Prozess der Umstrukturierung und Verbesserung von bestehendem Quellcode, ohne dessen äußeres Verhalten zu verändern. Ziel des Refactorings ist es, die Lesbarkeit, Wartbarkeit und Effizienz des Codes zu erhöhen, indem redundante oder ineffiziente Strukturen entfernt und durch klarere und besser organisierte ersetzt werden.

Warum Refactoring wichtig ist

Im Laufe der Zeit kann Code komplex und schwer verständlich werden, insbesondere wenn mehrere Entwicklerinnen daran arbeiten oder wenn Anforderungen sich ändern. Refactoring hilft dabei, diese Komplexität zu reduzieren und den Code sauber und übersichtlich zu halten. Es trägt dazu bei, technische Schulden zu minimieren und die Qualität der Software zu verbessern.

Häufige Refactoring-Techniken

Es gibt verschiedene Techniken und Muster, die beim Refactoring angewendet werden können, darunter:

- ✔ **Extrahieren von Methoden:** Große Methoden werden in kleinere, besser verständliche Methoden aufgeteilt.
- ✔ **Umbenennen von Variablen und Methoden:** Klarere und aussagekräftigere Namen werden verwendet, um die Lesbarkeit zu verbessern.
- ✔ **Reduzieren von Duplikationen:** Wiederholter Code wird entfernt und in gemeinsame Methoden ausgelagert.
- ✔ **Verwenden von Designmustern:** Bewährte Muster werden angewendet, um die Struktur des Codes zu verbessern.
- ✔ **Vereinfachen von Bedingungen:** Komplexe Bedingungslogik wird vereinfacht, um die Verständlichkeit zu erhöhen.

Beispiel

Hier ist ein einfaches Beispiel für Refactoring in JavaScript. Angenommen, wir haben folgenden Code:

```
function berechnePreis(menge, preisProEinheit) {
    let rabatt;
    if (menge > 100) {
        rabatt = 0.1;
    } else {
        rabatt = 0.0;
    }
```

```
    let gesamtpreis = menge * preisProEinheit;
    gesamtpreis = gesamtpreis - (gesamtpreis * rabatt);
    return gesamtpreis;
}
```

Nach dem Refactoring könnte der Code wie folgt aussehen:

```
function berechnePreis(menge, preisProEinheit) {
    const rabatt = berechneRabatt(menge);
    const bruttopreis = menge * preisProEinheit;
    return bruttopreis * (1 - rabatt);
}

function berechneRabatt(menge) {
    return menge > 100 ? 0.1 : 0.0;
}
```

In diesem Beispiel wurden die Rabattberechnung in eine separate Funktion ausgelagert und die Preisberechnung vereinfacht, was den Code klarer und verständlicher macht.

Werkzeuge für Refactoring

Viele moderne Entwicklungsumgebungen (IDEs) bieten integrierte Refactoring-Werkzeuge, die dabei helfen, Refactoring-Aufgaben sicher und effizient durchzuführen. Beispiele hierfür sind:

- ✔ **Eclipse** bietet umfangreiche Refactoring-Optionen für Java und andere Sprachen.
- ✔ **IntelliJ IDEA** ist eine leistungsstarke IDE mit fortschrittlichen Refactoring-Funktionen.
- ✔ **Visual Studio** unterstützt Refactoring für verschiedene Programmiersprachen.
- ✔ **PyCharm** eignet sich speziell für die Python-Entwicklung mit umfassenden Refactoring-Tools.

Diese Werkzeuge automatisieren viele Refactoring-Aufgaben und reduzieren das Risiko von Fehlern während des Prozesses.

Tests

Tests sind ein wesentlicher Bestandteil der Softwareentwicklung, um sicherzustellen, dass der Code korrekt funktioniert und den Anforderungen entspricht. Es gibt verschiedene Arten von Tests, die unterschiedliche Aspekte der Software abdecken. Die wichtigsten Testarten sind Unit-Tests, Integrationstests, Systemtests und Akzeptanztests.

Unit-Tests

Unit-Tests sind kleine, isolierte Tests, die einzelne Komponenten oder Funktionen (»Units«) einer Software überprüfen. Sie stellen sicher, dass jede Einheit des Codes wie erwartet funktioniert. Unit-Tests werden geschrieben, um Fehler frühzeitig im Entwicklungsprozess zu erkennen.

Integrationstests

Integrationstests überprüfen das Zusammenspiel mehrerer Komponenten oder Module einer Software. Sie stellen sicher, dass die verschiedenen Teile der Anwendung korrekt zusammenarbeiten und Daten wie erwartet austauschen. Integrationstests werden oft nach den Unit-Tests durchgeführt, um sicherzustellen, dass auch die Integration der einzeln getesteten Komponenten reibungslos funktioniert.

Systemtests

Systemtests testen die gesamte Anwendung als ganze, um sicherzustellen, dass sie den funktionalen und nicht-funktionalen Anforderungen entspricht. Diese Tests werden in einer Umgebung durchgeführt, die der Produktionsumgebung ähnelt, und umfassen verschiedene Szenarien, um die Gesamtleistung und Stabilität der Software zu überprüfen.

Akzeptanztests

Akzeptanztests sollen sicherstellen, dass die Software den Anforderungen und Erwartungen der Endbenutzer entspricht. Diese Tests werden oft von Kunden oder Endbenutzerinnen durchgeführt und konzentrieren sich auf die Benutzerfreundlichkeit, Funktionalität und Leistung der Anwendung aus der Perspektive des Anwenders oder der Anwenderin.

Automatisierte Tests

Automatisierte Tests sind Tests, die mithilfe von Softwarewerkzeugen automatisch ausgeführt werden. Sie ermöglichen eine schnellere und effizientere Durchführung von Tests, insbesondere bei wiederholten Testläufen. Beliebte Testautomatisierungswerkzeuge sind beispielsweise Selenium, JUnit, pytest und Playwright.

Test-driven Development (TDD)

Test-driven Development (TDD) ist eine Softwareentwicklungsmethode, bei der Tests vor dem eigentlichen Code geschrieben werden. Der Entwicklungsprozess besteht aus kurzen Zyklen, in denen zuerst ein fehlschlagender Test geschrieben wird, dann der Code implementiert wird, um den Test zu bestehen, und schließlich der Code refaktoriert wird. TDD fördert die Erstellung von qualitativ hochwertigem, testbarem Code und hilft, Fehler frühzeitig zu erkennen.

Fazit

Tests sind entscheidend für die Qualitätssicherung in der Softwareentwicklung. Durch den Einsatz verschiedener Testarten und -methoden können Entwicklerinnen sicherstellen, dass ihre Software zuverlässig, funktional und benutzerfreundlich ist. Automatisierte Tests und TDD sind moderne Ansätze, die den Testprozess effizienter gestalten und die Codequalität weiter verbessern können.

Build-Tools und CI/CD-Pipelines

Build-Tools sind Softwarewerkzeuge, die den Prozess der Softwareerstellung automatisieren. Sie übernehmen Aufgaben wie das Kompilieren von Quellcode, das Verwalten von Abhängigkeiten sowie das Testen und das Verpacken der Software für die Bereitstellung. Bekannte Build-Tools sind beispielsweise Maven, Gradle und Make.

Continuous Integration und Continuous Deployment (CI/CD)

CI/CD-Pipelines sind automatisierte Workflows, die den Prozess der Softwareentwicklung und -bereitstellung optimieren. Continuous Integration (CI) bezieht sich auf die Praxis, Codeänderungen regelmäßig in ein gemeinsames Repository zu integrieren, gefolgt von automatisierten Builds und Tests. Continuous Deployment (CD) erweitert diesen Prozess, indem es die automatisierte Bereitstellung von Softwareänderungen in Produktionsumgebungen ermöglicht.

Vorteile von Build-Tools und CI/CD

Die Verwendung von Build-Tools und CI/CD-Pipelines bietet zahlreiche Vorteile:

- ✔ **Automatisierung** reduziert manuelle Aufgaben und minimiert menschliche Fehler.
- ✔ **Schnellere Entwicklung** beschleunigt den Entwicklungszyklus, weil alltägliche Aufgaben, wie zum Beispiel das Veröffentlichen, automatisiert werden.
- ✔ **Qualitätssicherung** stellt sicher, dass Codeänderungen automatisch getestet werden, bevor sie in die Produktionsumgebung gelangen.
- ✔ **Konsistenz** gewährleistet, dass Builds und Deployments reproduzierbar und konsistent sind.

Beispiel einer CI/CD-Pipeline

Ein typischer CI/CD-Workflow könnte wie folgt aussehen:

1. Ein Entwickler pusht Codeänderungen in ein Versionskontrollsystem (zum Beispiel Git).
2. Ein CI-Server (zum Beispiel Jenkins, GitLab CI) erkennt die Änderungen und startet einen Build-Prozess.
3. Das Build-Tool kompiliert den Code und führt automatisierte Tests durch.
4. Wenn alle Tests erfolgreich sind, wird die Software in einer Staging-Umgebung bereitgestellt.
5. Nach einer erfolgreichen Überprüfung in der Vorab-Umgebung wird die Software automatisch in die Produktionsumgebung deployed, also veröffentlicht.

Beliebte CI/CD-Tools

Es gibt viele Tools, die CI/CD-Pipelines unterstützen. Einige der beliebtesten sind

- ✔ **Jenkins:** ein Open-Source-Automatisierungsserver, der eine Vielzahl von Plugins zur Unterstützung von CI/CD bietet,
- ✔ **GitLab CI:** eine integrierte CI/CD-Funktionalität in GitLab, die es Entwicklern ermöglicht, Pipelines direkt in ihrem Repository zu konfigurieren,
- ✔ **CircleCI:** ein cloudbasierter CI/CD-Dienst, der schnelle Builds und einfache Integration mit verschiedenen Versionskontrollsystemen bietet,
- ✔ **GitHub Actions:** eine CI/CD-Lösung, die in GitHub integriert ist und es ermöglicht, Workflows direkt in GitHub-Repositories zu erstellen (Sie finden diese Anweisungen in vielen GitHub-Projekten im Verzeichnis `.github/workflows`).

All diese Tools helfen sehr, den Softwareentwicklungsprozess zu automatisieren und die Qualität der Software zu verbessern.

A

Direkt im Browser programmieren mit Codespaces

Sie können VS Code nicht nur lokal auf Ihrem Rechner installieren, sondern auch direkt im Browser nutzen. Sie benötigen dafür kein installiertes Programm, sondern nur einen Webbrowser und einen kostenlosen GitHub-Account. Ihr Projekt liegt dann in der Cloud und ist von überallher erreichbar. Möglich wird das durch *GitHub Codespaces*.

GitHub Codespaces ist eine cloudbasierte, konfigurierbare Entwicklungsumgebung, die direkt mit einem Repository auf GitHub verbunden ist.

Ein Repository (kurz: Repo) ist ein Speicherort für Code, der Versionskontrolle und Zusammenarbeit ermöglicht. Es enthält den gesamten Code, die Historie der Änderungen und die Metadaten eines Projekts.

GitHub-Konto erstellen

Um Codespaces nutzen zu können, benötigen Sie ein GitHub-Konto. Falls noch nicht vorhanden: Registrieren Sie sich kostenlos unter `https://github.com/signup` und bestätigen Sie die Anmeldung.

Codespace erstellen und nutzen

Einen Codespace können Sie direkt aus einem GitHub-Repository heraus erstellen, so wie in Abbildung A.1 gezeigt. Folgen Sie diesen Schritten:

1. Repository auf GitHub öffnen.
2. Auf den grünen Button CODE klicken.
3. Reiter CODESPACES wählen.
4. CREATE CODESPACE ON MAIN anklicken.
5. Warten, bis die Umgebung startet (Container wird gebaut).

Nach kurzer Zeit erscheint eine vollständige VS-Code-Oberfläche im Browser: Explorer, Editor, Terminal. Sie können dort auch Erweiterungen installieren und natürlich Dateien bearbeiten.

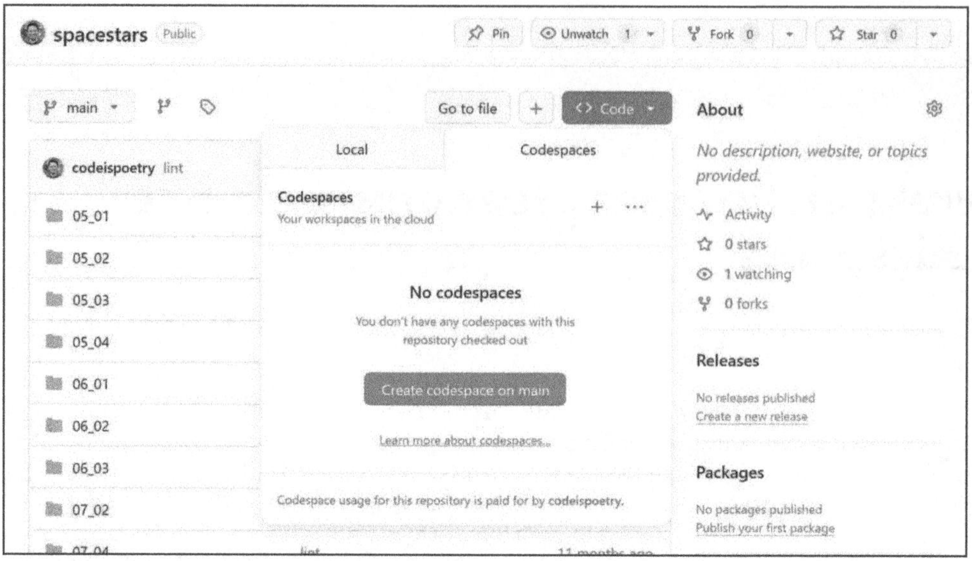

Abbildung A.1: Mit GitHub Codespaces direkt im Browser arbeiten – ohne lokale Installation.

Wann Codespaces?

Codespaces sind ideal für

- ✔ Arbeiten an unterschiedlichen Geräten,
- ✔ einen schnellen Einstieg ohne lokale Einrichtung und
- ✔ eine einheitliche Entwicklungsumgebung im Team.

Wann lokal entwickeln?

Lokale Installationen sind besser geeignet für

- ✔ große Projekte mit vielen Abhängigkeiten,
- ✔ Offline-Arbeit und
- ✔ volle Kontrolle über Tooling/Performance.

Beide Ansätze ergänzen sich: Für spontane Änderungen oder unterwegs sind Codespaces nützlich, für langfristige Arbeit eine lokale Installation. Sie können jederzeit zwischen beiden Vorgehensweisen wechseln.

B

Die Lösungen zu den Übungen

Die Lösungen zum Quiz von Tag 6

Frage 1: Anführungszeichen

`console.log("Hello World")`

Der Schriftzug in den runden Klammern muss in Anführungszeichen stehen. Ohne Anführungszeichen würde JavaScript versuchen, eine Variable namens `Hello World` zu finden, die es aber nicht gibt. Daher gibt es einen Fehler. Mit den Anführungszeichen wird JavaScript klar gemacht, dass es sich um einen Text handelt, der so ausgegeben werden soll. Statt der doppelten Anführungszeichen können Sie auch einfache Anführungszeichen verwenden, also `console.log('Hello World')`.

Frage 2: Auszeichnungssprache

HTML ist eine Auszeichnungssprache. Sie können mit HTML nicht rechnen und keine Programme schreiben. HTML sorgt dafür, dass Texte und Bilder auf einer Webseite angezeigt werden und legt ihre Struktur fest. Interaktion kommt erst mit JavaScript und das Aussehen wird über CSS gesteuert.

Frage 3: Lokale Kopie

Damit der Browser eine Webseite anzeigen kann, lädt er sie von einem Server herunter. Das ist nichts anderes, als eine lokale Kopie zu erzeugen. Wenn Sie diese Kopie nun in den Entwicklertools bearbeiten, ändert das nichts an der Originaldatei auf dem Server. Laden Sie die Seite von dort neu, bekommen Sie wieder die Originaldatei und Ihre Änderungen sind weg.

Frage 4: console.log(x)

In JavaScript zeigt der Befehle `console.log()` etwas in der Konsole an. In der Klammer steht, was angezeigt werden soll. In anderen Sprache, zum Beispiel PHP, heißt der Befehl dafür `echo()`.

Frage 5: prompt()

Eingabeaufforderung Mit diesem Befehl zeigen Sie eine Eingabeaufforderung an, in der die Spieler etwas eingeben können. Sie können das ausprobieren, indem Sie in der Konsole `prompt("Geben Sie Ihren Namen ein:")` eingeben. Dann erscheint ein Eingabefeld, in das Sie etwas eingeben können. Zum Beispiel Ihren Namen.

Die Lösungen zum Quiz von Tag 12

Frage 1: Keine Formatierungen

Word fügt Texten automatisch Formatierungen hinzu, die Sie nicht wollen. Das ist beim Programmieren sehr hinderlich, weil der Code exakt so geschrieben werden muss, wie er ist. Einfache Texteditoren wie Notepad (Windows) oder TextEdit (Mac) fügen keine Formatierungen hinzu und sind daher besser zum Programmieren geeignet als Word – oder Sie nehmen am besten gleich eine IDE wie VS Code.

Frage 2: Vorteile einer IDE

Alle Antworten sind richtig. IDEs (Integrierte Entwicklungsumgebungen) wie VS Code bieten viele Funktionen, die das Programmieren erleichtern, zum Beispiel Syntaxhervorhebung, Autovervollständigung, Debugging-Tools und vieles mehr. Sie werden die Vorteile einer IDE schnell zu schätzen wissen, wenn Sie das nicht eh schon längst tun.

Frage 3: Eine Plattform (und was für eine)

GitHub ist ein Dienst, der es Ihnen ermöglicht, Ihre Projekte in der Cloud zu speichern und auch zu veröffentlichen. Git ist ein Versionsverwaltungssystem, das es Ihnen ermöglicht, Änderungen an Ihrem Code zu verfolgen und bei Bedarf zu einer früheren Version zurückzukehren. Es ist zudem die mit Abstand meistgenutzte Plattform dieser Art.

Frage 4: Extensions

In VS Code heißen die Erweiterungen »Extensions«. Sie können sie über das Symbol mit den vier Quadraten auf der linken Seite öffnen. Dort können Sie nach Erweiterungen suchen, die Sie installieren möchten. Klicken Sie einfach auf *Install*, um eine Erweiterung hinzuzufügen. Nach der Installation müssen Sie VS Code möglicherweise neu starten, damit die Erweiterung aktiviert wird.

Frage 5: Ordnung halten

Die richtige Antwort ist: Um Ordnung zu halten und Dateien zu strukturieren, damit man als Mensch den Überblick behält. Für den Computer macht es keinen Unterschied, wo die Dateien liegen (sofern er dort Zugriff hat). Aber für uns Menschen ist eine klare Struktur sehr hilfreich, um schnell die richtigen Dateien zu finden und den Überblick zu behalten.

Die Lösungen zum Quiz von Tag 18

Frage 1: Auszeichnungssprache

HTML ist keine Programmiersprache, sondern eine *Auszeichnungssprache* (englisch: *Markup Language*). Mit HTML werden die Inhalte und die Struktur von Webseiten beschrieben. HTML legt fest, welche Elemente auf einer Webseite vorhanden sind, wie Überschriften, Absätze, Listen, Links, Bilder und andere Medien. HTML definiert jedoch nicht das Verhalten oder die Logik einer Webseite, wie es Programmiersprachen tun.

Frage 2: Name und spitze Klammern

Ein HTML-Tag besteht mindestens aus einem Namen, der das Element beschreibt, und spitzen Klammern, die den Tag umschließen. Attribute können hinzugefügt werden, um zusätzliche Informationen oder Eigenschaften für das Element bereitzustellen, je nach Tag. Manche HTML-Tag haben schließende Tags, die das Ende eines Elements markieren, während andere selbstschließend sind und kein separates End-Tag benötigen.

Frage 3: ID

Die eindeutige Kennung eines HTML-Elements wird mit dem Attribut `ID` festgelegt. Der Wert des `ID`-Attributs muss innerhalb eines HTML-Dokuments eindeutig sein, damit das Element eindeutig identifiziert werden kann. Dies ist besonders nützlich für die Anwendung von CSS-Stilen oder die Manipulation von Elementen mit JavaScript. Mit `class` können mehrere Elemente die gleiche Klasse haben, während `ID` nur für ein einzelnes Element verwendet wird.

Frage 4: Attribute in Anführungszeichen

Attribute sollten in Anführungszeichen stehen, damit der HTML-Parser den Wert des Attributs korrekt interpretieren kann. Anführungszeichen helfen dabei, den Anfang und das Ende des Attributwerts zu kennzeichnen, insbesondere wenn der Wert Leerzeichen oder Sonderzeichen enthält. Ohne Anführungszeichen könnte der Parser Schwierigkeiten haben, den genauen Wert zu erkennen, was zu Fehlern in der Interpretation des HTML-Codes führen kann. Es ist eine bewährte Praxis, Attribute immer in Anführungszeichen zu setzen, um die Lesbarkeit und Korrektheit des Codes zu gewährleisten.

Frage 5: Nicht auf der Webseite, gegebenenfalls im Titel

Alles, was im `<head>` -Bereich einer HTML-Datei steht, wird nicht direkt auf der Webseite angezeigt. Der `<head>` -Bereich enthält Metadaten und Informationen über das Dokument, die für den Browser und Suchmaschinen relevant sind, aber nicht für die direkte Anzeige auf der Seite. Dazu gehören Elemente wie der Titel der Seite (`<title>`), Verweise auf CSS-Dateien (`<link>`), Skripte (`<script>`) und andere Meta-Informationen (`<meta>`). Diese Informationen helfen dabei, die Webseite zu strukturieren und zu formatieren, sind jedoch nicht Teil des sichtbaren Inhalts der Seite. Richtig sind also die Antworten 2. und 4.

Die Lösungen zum Quiz von Tag 24

Frage 1: Selektor mit

Die Hintergrundfarbe eines HTML-Elements kann mit der CSS-Eigenschaft `background-color` geändert werden. Da Sie auf ein Element mit der `ID` game zugreifen möchten, benötigen Sie einne CSS-Selektor, der mit `#` beginnt.

Frage 2: »wie oft« geht nicht

Sie können in CSS vieles steuern, aber nicht, wie oft ein Element auf einer Seite vorkommt. Das müssen Sie entweder im HTML-Gerüst ändern oder mit JavaScript programmieren.

Frage 3: Punkt vs. Raute

Klassen werden in CSS mit einem Punkt eingeleitet, IDs mit einer Raute, also zum Beispiel

```
.meine-klasse {
    /* CSS-Eigenschaften */
}
#meine-id {
    /* CSS-Eigenschaften */
}
```

Frage 4: `color`

Die Schriftfarbe wird in CSS mit der Eigenschaft `color` geändert, `font-color` gibt es nicht, auch wenn man das meinen könnte, denn es gibt ja auch `font-size` und `font-family`. Es ist aber nicht so.

Frage 5: `padding` geht nicht

Der Außenabstand eines Elements wird in CSS mit der Eigenschaft `margin` eingestellt. Der Innenabstand wird mit `padding` eingestellt. Außenabstand ist der Abstand zu anderen Elementen, Innenabstand ist der Abstand vom Rand zum Inhalt des Elements. Sie können entweder jeden der vier Abstände (also nach oben, rechts, unten und links) einzeln definieren mit `margin-top`, `margin-right`, `margin-bottom` und `margin-left` oder alle vier auf einmal mit `margin`.

Frage 6: `px` und `%`

Gültige Längeneinheiten in CSS sind unter anderem `px` (Pixel), `em` (relative zur Schriftgröße des Elements), `rem` (relative zur Schriftgröße des Root-Elements), `%` (Prozentualer Anteil des übergeordneten Elements) und `vw` (Viewport-Breite). Bei der Prozentangabe müssen Sie allerdings das Prozentzeichen `%` verwenden, nicht das ausgeschriebene Wort `percent`, ebenso `px` statt `pixel`.

Frage 7: Sterne im Game

Die CSS-Eigenschaft | #game .star background: yellow; — färbt alle Elemente mit der Klasse `star`, die sich innerhalb des Elements mit der ID `game` befinden, gelb. Das bedeutet, dass nur Sterne innerhalb des Spielelements gelb werden, während Sterne außerhalb des Spielelements ihre ursprüngliche Farbe behalten.

Frage 8: `#game .star`

Die Spezifizität eines CSS-Selektors bestimmt, welche Regel angewendet wird, wenn mehrere Regeln auf dasselbe Element zutreffen. Ein Selektor mit höherer Spezifität hat Vorrang vor einem Selektor mit niedrigerer Spezifität. IDs haben eine höhere Spezifität als Klassen, und Klassen haben eine höhere Spezifität als Elementselektoren. Daher hat der Selektor `#game .star` eine höhere Spezifität als nur `.star`. `#game .star` hat die höchste Spezifität, weil sie als einzige eine ID enthält.

Frage 9: `none` und `block`

Hier stimmen sogar zwei Aussagen, obwohl in der Frage suggeriert wird, dass nur eine stimmt. `display: none;` blendet ein Element aus und entfernt es aus dem Dokumentenfluss, sodass es keinen Platz mehr einnimmt. `display:block;` sorgt dafür, dass ein Element als Block-Element dargestellt wird, das die volle Breite seines übergeordneten Elements einnimmt und einen Zeilenumbruch davor und danach erzeugt. Die beiden anderen Antwortmöglichkeiten sind Humbug.

Frage 10: Relativ zur normalen Position

Die CSS-Eigenschaft `position: relative;` positioniert ein Element relativ zu seiner normalen Position im Dokumentenfluss. Das bedeutet, dass Sie das Element mit den Eigenschaften `top`, `right`, `bottom` und `left` verschieben können, ohne dass es den Platz anderer Elemente beeinflusst. Das Element bleibt im Dokumentenfluss, und der Raum, den es ursprünglich eingenommen hat, bleibt erhalten. Demgegenüber positioniert `position: absolute;` ein Element relativ zu seinem nächsten positionierten Vorfahren (also einem Vorfahren mit einer Positionierung ungleich `static`). Ein absolut positioniertes Element wird aus dem normalen Dokumentenfluss entfernt, was bedeutet, dass es keinen Platz mehr im Layout einnimmt und andere Elemente so behandelt werden, als ob es nicht existieren würde.

Die Lösungen zum Quiz von Tag 30

Frage 1: Wiederverwendbarer Codeblock mit Aufgaben

Eine Funktion in JavaScript ist ein wiederverwendbarer Codeblock, der eine bestimmte Aufgabe ausführt. Funktionen helfen dabei, den Code zu strukturieren, indem sie ihn in kleinere, überschaubare Teile zerlegen. Sie können Parameter entgegennehmen und als Eingabewerte verarbeiten und sie können einen Rückgabewert liefern, der das Ergebnis der Funktion darstellt. Funktionen fördern die Wiederverwendbarkeit und Lesbarkeit des Codes, da sie es ermöglichen, denselben Code an verschiedenen Stellen im Programm aufzurufen, ohne ihn erneut schreiben zu müssen.

Frage 2: Stopp mit Rückgabewert

Das `return`-Schlüsselwort in einer Funktion wird verwendet, um einen Wert zurückzugeben, wenn die Funktion aufgerufen wird. Wenn eine Funktion ein `return`-Statement erreicht, wird die Ausführung der Funktion sofort beendet, und der angegebene Wert wird an den Aufrufer der Funktion zurückgegeben. Dies ermöglicht es, Ergebnisse aus Funktionen zu erhalten und sie in anderen Teilen des Codes weiterzuverwenden. Ohne ein `return`-Statement läuft eine Funktion bis zum Ende durch. Das `return` kann eine Wert zurückgeben, muss es aber nicht. Richtig sind also die Antworten c) und d).

Frage 3: Veränderte Spielfeldbreite

Es ist besser, die Breite des Spielfelds dynamisch abzufragen, weil sich der Code besonders während der Entwicklung des Spieles mehrfach ändert kann und man die neue Spielfeldgröße dann immer an mehreren Stellen ändern müsste. Die minimalen Perfomanceverluste, wenn wir eine Variable statt eines festen Wertes verwenden, fallen überhaupt nicht ins Gewicht.

Frage 4: Mit »px« ist nicht zu rechnen

Wir müssen das »px« entfernen, weil wir nur den numerischen Wert der Breite benötigen, um Berechnungen durchzuführen. Das »px« ist eine Einheit, die in CSS verwendet wird, um Pixelwerte darzustellen, aber in JavaScript müssen wir mit reinen Zahlen arbeiten, um mathematische Operationen korrekt ausführen zu können. Wenn wir das »px« nicht entfernen, würde JavaScript den Wert als String interpretieren, was zu Fehlern bei Berechnungen führen würde.

Frage 5: Für jedes Zeichen eine Zahl

ASCII-Code ist eine Zeichencodierung, die jedem Zeichen eine eindeutige numerische Darstellung zuweist. Ursprünglich wurde ASCII entwickelt, um Text in Computern und Kommunikationsgeräten darzustellen. Es umfasste ursprünglich 128 Zeichen, darunter Buchstaben (sowohl Groß- als auch Kleinbuchstaben), Ziffern, Satzzeichen und Steuerzeichen. Jedes dieser Zeichen wird durch eine Zahl zwischen 0 und 127 repräsentiert. Zum Beispiel wird der Buchstabe 'A' durch den ASCII-Wert 65 dargestellt, während 'a' den Wert 97 hat. ASCII ist die Grundlage für viele moderne Zeichencodierungen und wird häufig in der Computerprogrammierung und Datenverarbeitung verwendet. Die aktuelle Weiterentwicklung Unicode bietet theoretisch Raum für über eine Million Zeichen und kann damit so ziemlich alle lebenden und ausgestorbenen Schriften der Menschheitsgeschichte sowie viele lustige Emojis darstellen.

Die Lösungen zum Quiz von Tag 36

Frage 1: Antwort 1., 2. und 3.

Zum Rechnen benötigen wir reine Zahlen ohne Einheiten, zum Anzeigen sind die Einheiten dagegen wichtig. Fehlen diese Einheiten im CSS, wird das Raumschiff nicht bewegt. Vergessen wir es, diese Einheiten dazuzuschreiben, wird sich JavaScript aber trotzdem nicht beschweren, sondern diese Angaben einfach klaglos ignorieren. Richtig sind die Antworten 1., 2. und 3.

Frage 2: Ganzzahlige Pixelpositionen

Der Bildschirm kann nur ganzzahlige Pixelpositionen darstellen, Kommazahlen sind also unnötig. Die Positionen der Sterne könnten durch Kommazahlen zwar unübersichtlich werden, aber in der Regel schaut sich die sowieso niemand an. Dem Computer ist die hohe Genauigkeit egal, dafür benötigt er auch keine nennenswerten zusätzlchen Ressourcen. Zumal man bedenken muss, dass auch der Rundungsvorgang Arbeit bedeutet und damt Ressourcen verbraucht.

Frage 3: Zeile 4

Eine `for`-Schleife hat in ihrem Kopfteil drei Bestandteile: die Initialisierung, die Abbruchbedingung und die Anweisung zum Verändern der Schleifenvariable. Die erste Antwortmöglichkeit ist falsch, weil in der dritten Angabe die Variable `i` gar nicht verändert wird, sie wird nur verglichen. Die zweite Antwortvariante ist falsch, weil der Vergleichsoperator <> nicht existiert. Die dritte Antwortmöglichkeit ist ebenfalls falsch, weil die dritte Angabe zur Veränderung der Schleifenvariable ganz fehlt.

Antwort 4. ist richtig.

Frage 4: `Math.random() * 50 + 50`

Die JavaScript-Funktion `Math.random()` liefert eine Zahl zwischen 0 und 1. Multiplizieren wir diese Zahl mit 50, erhalten wir eine Zahl zwischen 0 und 50. Addieren wir nun 50 dazu, erhalten wir eine Zahl zwischen 50 und 100. Die Schreibweise `Math.random(50, 100)` wäre schön, sie gibt es aber nicht. Seien Sie vorsichtig, JavaScript wirft auch keinen Fehler, wenn Sie diese beiden Zahlen als Argument angeben. JavaScript ignoriert sie vielmehr und liefert stoisch nur Werte zwischen 0 und 1 zurück.

Frage 5: `if` und `while`

Sowohl `if` als auch `while` prüfen eine Bedingung auf ihren Wahrheitsgehalt. Der Unterschied besteht darin, dass eine `if`-Anweisung den nachfolgenden Codeblock nur einmal ausführt, wenn die Bedingung wahr ist. Eine `while`-Schleife hingegen wiederholt die Ausführung des Codeblocks so lange, wie die Bedingung wahr ist.

Die Lösungen zum Quiz von Tag 42

Frage 1: `getElementsByClassName(className")`

Um auf alle Elemente mit einer bestimmten Klasse zuzugreifen, verwenden Sie die Methode `document.getElementsByClassName("className")`. Diese Methode gibt eine Liste aller Elemente zurück, die die angegebene Klasse besitzen. Alternative Formulierungen wie `document.getElementById("className")` oder `document.getElementsByTagName("className")` sind nicht korrekt, da sie entweder nur ein einzelnes Element zurückgeben oder Elemente basierend auf ihrem Tag-Namen auswählen. Sie könnten auch `document.querySelectorAll(".className")` verwenden, um eine NodeList aller Elemente mit der angegebenen Klasse zu erhalten. Beachten Sie aber immer, dass bei Verwendung von `getElementsByClassName` und `querySelectorAll` dem Klassennamen ein Punkt (.) vorangestellt wird, wenn Sie CSS-Selektoren verwenden.

Frage 2: `style.top`

Um ein Element zu positionieren, können Sie die CSS-Eigenschaft `top` über das `style`-Objekt des Elements ändern. Zum Beispiel können Sie die obere Position eines Elements auf 100 Pixel setzen, indem Sie `element.style.top = "100px"` verwenden. Andere Methoden wie `element.top = "100px"` oder `element.position.top = "100px"` sind nicht korrekt, da sie nicht die richtige Syntax zur Änderung der CSS-Eigenschaften eines Elements darstellen. Stellen Sie sicher, dass das Element eine Positionierungseigenschaft wie `position: absolute;` oder `position: relative;` in seinem CSS-Stil hat, damit die `top`-Eigenschaft wirksam wird.

Frage 3: `setInterval(function, interval)`

Um eine Funktion in einem bestimmten Intervall auszuführen, verwenden Sie die Methode `setInterval(function, interval)`. Diese Methode ruft die angegebene Funktion wiederholt auf, wobei das Intervall in Millisekunden angegeben wird. Die Methode `setTimeout(function, interval)` führt die Funktion nur einmal nach dem angegebenen Intervall aus, während `setInterval(function)` ohne das Intervall-Argument nicht korrekt ist und zu einem Fehler führt.

Frage 4: `remove`

Um ein Element zu löschen, verwenden Sie die Methode `element.remove()`. Diese Methode entfernt das Element aus dem DOM (Document Object Model). Die anderen Formulierungen `element.delete()` oder `element.destroy()` sind nicht korrekt, da sie in der DOM-API nicht existieren und daher zu Fehlern führen würden.

Frage 5: `clientHeight`

Um die Höhe eines Elements dynamisch zu ermitteln, verwenden Sie die Eigenschaft `element.clientHeight`. Diese Eigenschaft gibt die Höhe des Elements in Pixeln zurück, einschließlich der Innenabstände (Padding), aber ohne Rahmen und Scrollleisten. Die Methoden `element.height` oder `element.getHeight()` existieren nicht. Sie können die in JavaScript verfügbaren Eigenschaften und Methoden eines Elements sich anzeigen lassen, indem Sie die Entwicklerwerkzeuge Ihres Browsers verwenden und dort beispielsweise `document.querySelector('body').` eingeben und etwas abwarten. Dann schlägt der Browser automatisch verfügbare Eigenschaften und Methoden vor.

Die Lösungen zum Quiz von Tag 48

Frage 1: Horizontale Bewegung

Bei der Kollisionserkennung vergleichen wir nur die horizontale Position, weil sich das Raumschiff nur horizontal bewegt und immer nur am unteren Bildrand bleibt. Dementsprechend hat eine Kollisionserkennung nur Sinn, wenn die Sterne den unteren Rand erreichen. Dementsprechend sind die vertikalen Positionen in diesem Kontext irrelevant. Mit anderen Worten: Wir müssen nur überprüfen, ob die horizontalen Positionen von Raumschiff und Stern übereinstimmen, wenn der Stern den unteren Rand des Bildschirms erreicht, da dies der einzige Zeitpunkt ist, an dem eine Kollision stattfinden kann.

Frage 2: `clearInterval()`

Um das Spiel anzuhalten, wenn eine Kollision erkannt wird, stoppen wir das Intervall, das die Sterne bewegt, mit der Funktion `clearInterval()`. Dies verhindert, dass die Sterne weiterhin bewegt werden, und somit wird das Spiel effektiv angehalten. Erst dann können wir eine Game-over-Meldung anzeigen, um dem Spieler mitzuteilen, dass das Spiel vorbei ist, das ist das Spiel aber schon angehalten.

Frage 3: Fehler

Wenn wir versuchen, den Wert einer Konstanten zu ändern, wird ein Fehler ausgelöst. Konstanten sind so definiert, dass ihr Wert nach der Initialisierung nicht mehr verändert werden darf. Dies stellt sicher, dass bestimmte Werte im Code unveränderlich bleiben, was die Sicherheit und Vorhersehbarkeit des Codes erhöht.

Frage 4: Global im Code, lokal in der Funktion

Der Unterschied zwischen dem globalen und dem lokalen Gültigkeitsbereich besteht darin, dass globale Variablen im gesamten Code zugänglich sind, während lokale Variablen nur innerhalb der Funktionen zugänglich sind, in denen sie definiert wurden. Globale Variablen können von jedem Teil des Codes gelesen und geändert werden, während lokale Variablen nur innerhalb ihres spezifischen Funktionskontexts existieren und nicht von außen beeinflusst werden können.

Frage 5: Sicher und verständlich

Es ist sinnvoll, Konstanten zu verwenden, weil sie den Code sicherer und leichter verständlich machen. Durch die Verwendung von Konstanten können wir sicherstellen, dass bestimmte Werte im Code nicht versehentlich geändert werden, was zu unerwartetem Verhalten führen könnte. Außerdem macht die Verwendung von Konstanten den Code klarer, da sie deutlich machen, dass bestimmte Werte unveränderlich sind.

Die Lösungen zum Quiz von Tag 54

Frage 1: `true` oder `false`

Boolesche Werte sind Werte, die nur zwei Zustände annehmen können: `true` und `false`. Zahlen werden durch andere Datentypen dargestellt, wie zum Beispiel `number`, für Zeichenketten gibt es den Datentyp `string`.

Frage 2: Start bei 0

In JavaScript beginnen die Indizes in einem Array bei 0.

Frage 3: Zahlen, Zeichenketten und boolesche Werte

Variablen in JavaScript können verschiedene Datentypen speichern, einschließlich Zahlen, Zeichenketten und boolescher Werte. JavaScript ist eine dynamisch typisierte Sprache, was bedeutet, dass der Typ einer Variablen zur Laufzeit bestimmt wird und sich ändern kann. In anderen Programmiersprachen können Variablen auf bestimmte Datentypen beschränkt sein, das heißt, eine Variable vom Typ `number` kann nur Zahlen speichern und keine Zeichenketten oder booleschen Werte.

Frage 4: (Milli-)Sekunden der Unix-Epoche

Der Trick bei der Zeitrechnung in JavaScript besteht darin, dass die Zeit in Millisekunden seit dem 1. Januar 1970 (auch bekannt als »Unix-Epoche«) gemessen wird. Dies ermöglicht es, einfach mit der Zeit zu rechnen, weil man dann zunächst nur Millisekunden addieren oder subtrahieren muss. Erst bei der Ausgabe oder Anzeige der Zeit werden die Millisekunden in ein lesbares Format umgewandelt.

Frage 5: Verzögerte einmalige Ausführung

Die Funktion `setTimeout()` in JavaScript wird verwendet, um eine Funktion nach einer bestimmten Zeitverzögerung auszuführen. Sie nimmt zwei Argumente: die Funktion, die ausgeführt werden soll, und die Zeitverzögerung in Millisekunden. Nach Ablauf der angegebenen Zeit wird die Funktion einmalig ausgeführt. Im Gegensatz dazu wird die Funktion `setInterval()` verwendet, um eine Funktion in regelmäßigen Abständen zu wiederholen.

Die Lösungen zum Quiz von Tag 60

In dem Code aus der Aufgabenstellung waren einige Fehler versteckt. Er sollte überprüfen, ob ein Raumschiff mit einem Stern kollidiert, und den Stern gegebenenfalls entfernen, wenn man dem Namen der Funktion folgt. Zur Übersichtlichkeit ist er hier noch einmal aufgelistet:

```
function check_Laser_Collision() {
    const stars = document.getElementById('star')
    const ship = document.getElementById('ship')

    for (const star of stars) {
       left = star.style.left
       right = left + star.style.width

       if( ship.left >= left || ship.left <= right ) {
           star.remove;
       }
    }
}
```

Gehen wir den Code Zeile für Zeile durch:

✔ `function check_Laser_Collision(){`

Die Funktion ist korrekt definiert, Unterstriche sind in Funktionsnamen erlaubt, auch wenn sie im JavaScript-Standard eher unüblich sind. Der Name ist außerdem auch aussagekräftig, also alles fein hier.

✔ `const stars = document.getElementById('star')`

Hier wird versucht, alle Sterne zu holen. Da es aber mehrere Sterne gibt, muss hier stattdessen `getElementsByClassName('star')` verwendet werden, vorausgesetzt, die Sterne haben die Klasse `star`.

✔ `const ship = document.getElementById('ship')`

Diese Zeile ist korrekt, da es nur ein Raumschiff gibt.

✔ `for (const star of stars){`

Auch diese Schleife ist korrekt und iteriert über alle Sterne. `star` wird nicht verändert, daher ist `const` hier passend.

✔ `left = star.style.left`

Hier liefert `star.style.left` einen String zurück (zum Beispiel »100px«), der in eine Zahl umgewandelt werden muss, damit der Vergleich später funktioniert. Diese Typumwandlung kann mit `parseInt(star.style.left)` erfolgen. Außerdem fehlt das Schlüsselwort zur Variablendeklaration, es müsste nämlich `const left = parseInt(star.style.left);` heißen.

- `right = left + star.style.width`

  Auch hier fehlt das Schlüsselwort zur Variablendeklaration. Zudem muss auch hier `star.style.width` in eine Zahl umgewandelt werden.

- `if( ship.left >= left || ship.left <= right ) {`:

  Hier muss eine UND-Bedingung (&&) verwendet werden, um zu überprüfen, ob das Raumschiff innerhalb der Grenzen des Sternes liegt. Außerdem muss auf die Position des Raumschiffs zugegriffen werden, zum Beispiel mit `ship.style.left`.

- `star.remove;`

  Hier fehlen die Klammern, es sollte `star.remove();` heißen, um die Methode aufzurufen.

Die Lösungen zum Quiz von Tag 66

Heute hacken wir unser eigenes Spiel. Wie können wir einen Eintrag in die Bestenliste hinzufügen, ohne tatsächlich zu spielen?

Wie so oft im Leben (und beim Programmieren) führen auch hier mehrere Wege zum Ziel. Eine Möglichkeit ist es, den HTML-Code der Seite zu verändern, um einen neuen Eintrag in die Tabelle hinzuzufügen. Das sehen Sie in Abbildung B.1. Klicken Sie mit der rechten Maustaste auf die Tabelle und wählen Sie ELEMENTUNTERSUCHEN oder ELEMENT UNTERSUCHEN (in Chrome oder Firefox, in anderen Browsern könnte es etwas anders heißen). Danach können Sie im Inspektor den HTML-Code der Tabelle bearbeiten.

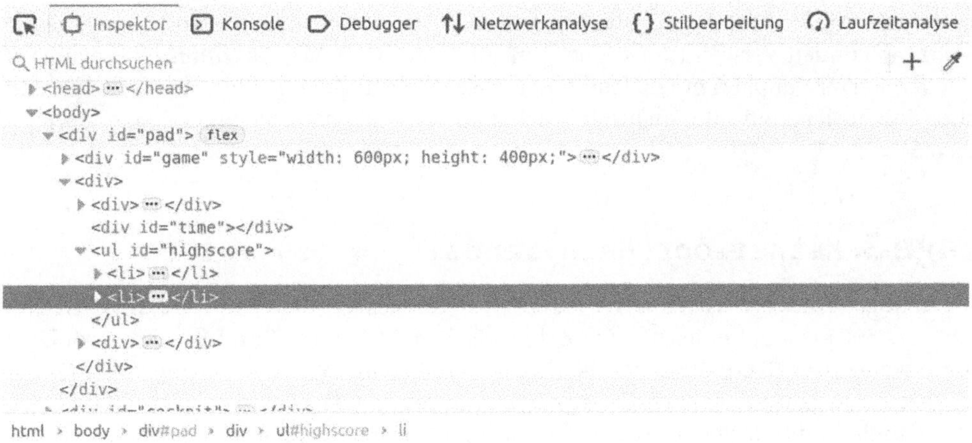

Abbildung B.1: HTML-Code der Bestenliste bearbeiten

Eine andere Möglichkeit besteht darin, den Local Storage zu manipulieren. Öffnen Sie die Entwicklertools des Browsers und wechseln Sie zum Reiter STORAGE (Chrome) oder WEB-SPEICHER (Firefox). Dort finden Sie den Local Storage der Seite. Suchen Sie den Eintrag `highscore` und bearbeiten Sie diesen Wert. Das sehen Sie in Abbildung B.2. Anschließend müssen Sie die Seite neu laden, damit die Änderungen wirksam werden.

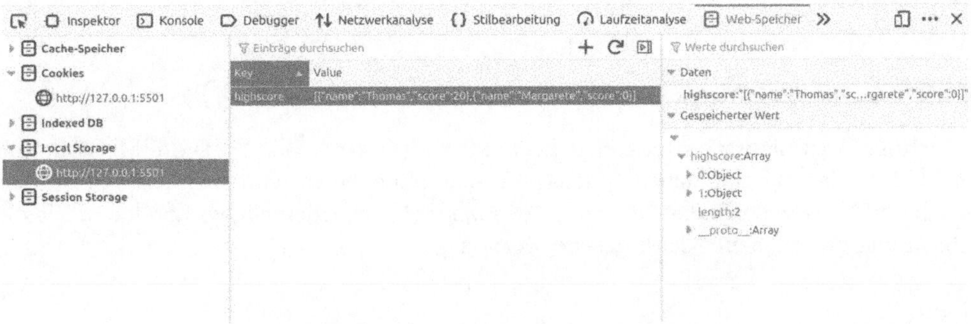

Abbildung B.2: Local Storage der Seite bearbeiten

Die Lösungen zum Quiz von Tag 72

Frage 1: Geänderter Text

Die richtige Antwort ist 1: Sie ändert den Text des HTML-Elements mit der ID `score` auf den Wert der Variablen `score`. Die Methode `getElementById()` wird verwendet, um ein HTML-Element anhand seiner ID zu finden, und `innerHTML` wird verwendet, um den HTML-Inhalt dieses Elements zu ändern.

Frage 2: Alles gut

Die richtige Antwort ist 4: Alle oben genannten. Alle drei Schleifenarten (`for`, `while` und `do-while`) können verwendet werden, um eine Aktion 5 Mal auszuführen, solange die Schleifen korrekt implementiert sind. Sie müssen jedoch sicherstellen, dass die Variable `i` richtig initialisiert und inkrementiert wird, zum Beispiel von 0 bis unter 5 oder von 1 bis gleich 5.

Frage 3: `Math.floor(Math.random() * 10) + 1`

Die richtige Antwort ist 1: `Math.floor(Math.random() * 10) + 1`. Die Methode `Math.random()` erzeugt eine zufällige Zahl zwischen 0 (inklusive) und 1 (exklusive). Durch Multiplikation mit 10 erhalten wir eine Zahl zwischen 0 und 9,999 …, die mit `Math.floor()` auf die nächste ganze Zahl abgerundet wird, wodurch eine Ganzzahl zwischen 0 und 9 entsteht. Durch Addition von 1 erhalten wir schließlich eine zufällige Ganzzahl zwischen 1 und 10.

Frage 4: Wert und Typ

Die richtige Antwort ist 1: Es werden sowohl der Wert als auch der Typ der Variablen verglichen. Der Operator === prüft auf strikte Gleichheit, was bedeutet, dass sowohl der Wert als auch der Datentyp der verglichenen Variablen übereinstimmen müssen, während == nur den Wert vergleicht und bei Bedarf eine Typumwandlung durchführt.

Frage 5: `element.classList.add('classname');`

Die richtige Antwort ist 1: `element.classList.add('classname');`. Diese Methode fügt dem HTML-Element eine neue CSS-Klasse hinzu, ohne die vorhandenen Klassen zu überschreiben. Mit `setAttribute('class', 'classname');` würden alle vorhandenen Klassen entfernt und nur die neue Klasse gesetzt werden.

Frage 6: `document.createElement('tagname');`

Die richtige Antwort ist 1: `document.createElement('tagname');`. Diese Methode erstellt ein neues HTML-Element mit dem angegebenen Tag-Namen.

Frage 7: `function myFunction() ...`

In JavaScript definieren Sie eine Funktion mit der Syntax `function myFunction() { ... }`. Daher ist die richtige Antwort 3.

Frage 8: Verhinderte Standardaktion

Die Anweisung `event.preventDefault()` wird verwendet, um die Standardaktion eines Events zu verhindern, zum Beispiel das Absenden eines Formulars oder das Folgen eines Links. Daher ist die richtige Antwort 3.

Frage 9: Dokumentation und Verständnis

Die richtige Antwort ist 3: Kommentare werden verwendet, um den Code zu dokumentieren und zu erklären, was bestimmte Teile des Codes tun. Sie helfen anderen Entwicklerinnen (und ganz besonders auch Ihrem eigenen zukünftigen Selbst), den Code besser zu verstehen.

Frage 10: `console.log`

Die richtige Antwort ist 3: `console.log('Debugging message');`. Diese Methode wird verwendet, um Nachrichten in der Konsole des Browsers auszugeben, was beim Debuggen von Code hilfreich ist, um den Programmablauf zu verfolgen oder Werte von Variablen zu überprüfen.

Stichwortverzeichnis